독일 집회법 모범초안

집회법 워킹그룹 지음

박원규 · 서정범 옮김

세창출판사

█▌크리스토프 엔더스, 볼프강 호프만-림, 미하엘 크니젤, 랄프 포서, 헬무트 슐체-필리츠로 구성된 집회법 워킹그룹이 보조 연구원 마티아스 홍의 조력하에 『집회법 모범초안(ME VersG)』을 공저 형태로 제안한다.

I

헌법 제21조 제1항에 따라 모든 국민은 집회의 자유를 가진다. 집회의 자유라는 기본권의 행사를 통해 국민은 대표자에게 의사를 직접 전달할 수 있다는 점에서 집회의 자유는 대의민주주의 국가에서 가장 중요한 기본권 중 하나이다. 그럼에도 불구하고 과거 우리나라에서는 집회를 개최하고, 집회에 참가하는 것은 '일반'시민이 아닌, '특정'시민의 영역으로 이해하는 경향이 있었다. 그 결과 집회를 '공공의 안녕질서에 대한 위험', '일반시민의 권리와의 충돌', '경제적 손실' 등과 연계하여 생각해 왔다. 집회의 자유를 보장하고 보호하여야 할 국가 또한 집회를 관리와 통제의 대상으로만 바라보았다. 집회의 자유는 본질적으로 억압받기 쉬운 기본권이었던 것이다.

집회에 대한 이러한 인식은 2016년 가을에서 2017년 봄까지 이어진 촛불집회를 계기로 점차 바뀌어 갔다. 촛불집회 참여를 통해 시민들은 모든 사람은 집회에 참가할 권리가 있으며, 평화적인 집회는 더욱 큰 힘을 발휘할 수 있다는 사실을 경험적으로 알게 되었다. 한국의 이러한 집회경험은 전 세계적으로도 모범이 되었다. 2017년 12월 독일 프리드리히-에버트 재단은 한국의 '촛불시민(Kerzenbürger)'에게 인권상을 수여함으로써 한국의 집회문화에 높은 의미를 부여하였다.

II

1963년 제정된 「집회 및 시위에 관한 법률」 제1조에서는 "이 법은 적법한 집회 및 시위를 최대한 보장하고 위법한 시위로부터 국민을 보호함으로써 집회 및 시위의 권리 보장과 공공의 안녕질서가 적절히 조화를 이루도록 하는 것을 목적"으로 한다는 점을 명시하고 있다. 여기서 알 수 있듯이 「집회 및 시위에 관한 법률」의 목적은 (1) 집회의 자유를 보장·보호하고, (2) 공공의 안녕 또는 질서에 대한 위험을 방지하는 것에 있다. 헌법질서 내에서 집회의 자유가 가지는 의미를 고려할 때, 이 두 가지 목적 중 전자가 더욱 우선시되어야 함은 당연하다. 설령 집회의 진행으로 인해 공공의 안녕 또는 질서에 대한 직접적인 위험이 발생한다 하더라도 집회의 자유보다 우월한, 또는 최소한 대등한 지위를 가지는 법익의 보호를 위해서만 그 제한이 허용된다.

「집회 및 시위에 관한 법률」(이하 '집시법'이라 함)에서는 방해 금지(제3조), 특정인 참가의 배제(제4조) 등 집회·시위의 보호를 위한 규정을 일부 두고 있다. 그러나 집회 및 시위의 금지(제5조), 금지 또는 제한 통고(제8조), 옥외집회와 시위의 금지 시간 및 금지 장소(제10조, 제11조), 교통 소통을 위한 제한(제12조), 집회 또는 시위의 해산(제20조) 등 집회의 자유를 제한하기 위한 규정들을 다수 두고 있다. 때문에 국가뿐만 아니라 국민은 집시법의 주된 목적이 집회의 자유를 보장하는 것이 아닌, 제한하는 것에 있다고 여겨 왔다. 집회를 주최하는 사람들조차도 자신들의 행사를 집시법상 집회로 인정받기 위해 노력하기보다는, (사실상 집회라 할지라도) 집시법의 적용대상에서 제외되고자 노력하였다.

이러한 상황하에서 경찰개혁위원회는 2017년 9월 「집회·시위자유보장방안 권고안」을 통해 평화적 집회 및 시위를 최대한 보장하고 보호할 것을 경찰에 요청하였다. 또한 헌법재판소는 2018년 5월부터 7월까지 국회의사당, 국무총리 공관, 각급 법원 인근에서 개최되는 옥외집회·시위를 절대적으로 금지하고 있는 집시법 제11조 제1항의 각 부분들에 대해 세 건의 헌법불합치결정을 하기도 하였다. 현행 집시법 규정의 해석 및 적용에 차츰 변화가 나타나고 있는 것이다.

III

이러한 상황에서 독일의 「집회법 모범초안」은 국내 집시법 이론의 발전에 상당한 기여를 할 수 있을 것이라 생각된다. 원저자 중 한 명인 프라이부르크대학교 포셔 교수가 한국어판 서문에서 밝히고 있듯이 본서는 집회법을 위험방지법이 아닌 '집회를 가능하게 하는 법(Ver-sammlungsermöglichungsrecht)'으로 이해하고 있다. 대다수 집회의 경우 직접적인 위험이 발생하지 않기 때문에 이들 집회를 위험집단으로 취급하여서는 안 되며, 집회의 자유를 최대한 보장하고 보호하는 방향으로 집회법을 해석하고 적용해야 한다는 것이다.

1953년 제정된 독일 연방집회법은 큰 틀의 변화 없이 지금까지 유지되고 있다. 그러나 독일 연방헌법재판소는 1985년 브록도르프(Brokdorf) 결정을 포함하여 수차례에 걸쳐 현행 연방집회법의 개선 필요성을 역설하였으며, 집회법 규정들에 대한 기본권 친화적 해석을 통해 관련 문제들을 임시적으로 해결해 왔다. 이러한 가운데 집회법에 대한 입법권한을 사실상 연방 각 주로 이전한 '연방제 개혁'(2006년)은 그간 축적된 집회법 관련 판례와 이론들을 반영한, 현대화된 집회법을 마련할 수 있는 계기가 되었다. 2008년 바이에른주에서 최초로 독자적인 집회법을 제정한 이래, 니더작센, 작센, 작센-안할트, 베를린, 슐레스비히-홀슈타인 등의 주에서 집회법을 새로이 제정하였다. 앞으로도 많은 주에서 독자적인 집회법을 마련할 것으로 예상된다.

이러한 긍정적인 면에도 불구하고 각 주에서 독자적으로 집회법을 제정하게 된다면 독일 내 집회법의 통일적 규정이 어렵게 될 것이라는 문제가 제기되기도 한다. 이에 전·현직 교수, 연방헌법재판소 재판관, 경찰 실무가 등 집회법 전문가들로 구성된 워킹그룹은 「집회법 모범초안」을 작성하여 각 주들이 집회법을 제정함에 있어 지향점이 될 수 있는 통일적인 규율구조를 제시하였다. 본서는 그동안 독일에서 축적된 집회법 관련 판례 및 이론들을 모두 반영하여 법률안을 작성하였으며, 각 조문별로 상세한 이유 및 해설을 포함하고 있다. 이러한 내용은 향후 우리나라의 「집회 및 시위에 관한 법률」 개정 논의에도 많은 참고가 될 수 있을 것이라 기대된다.

IV

본서의 번역은 역자들이 독일 프라이부르크에서 연구년(서정범 교수)과 박사과정(박원규 교수)을 위해 체류하던 중, 프라이부르크대학교 법과대학 교수이자 현재는 막스플랑크연구소(Max-Planck-Institut) 공공안전법분과 소장을 역임하고 있는 랄프 포서(Ralf Poscher) 교수와 맺게 된 인연을 계기로 시작되었다. 포서 교수는 본서의 한국어판 출간에 흔쾌히 동의하였을 뿐만 아니라, 독일 전역에 흩어져 있는 공저자들에게 개별적으로 연락을 취하여 그들의 동의 또한 받아 주는 수고를 마다하지 않았다. 이 자리를 빌려 포서 교수를 포함한 다른 네 명의 공저자들께 다시 한 번 감사의 말씀을 드린다. 또한 국내에는 집시법에 관심을 가지고 있는 연구자나 실무자가 적어 독자층이 그리 넓지 않음에도 불구하고 본서의 출간을 허락해 주신 세창출판사 이방원 사장께도 감사의 말씀을 드린다. 편집과 교정을 통해 본서의 완성도를 높여 준 세창출판사 편집부 직원들의 헌신적인 노고에도 감사드린다.

2020년 3월
공역자

Der Musterentwurf eines Versammlungsgesetzes verdankt sich einem Anlass, der für die Rechtsordnung anderer Staaten keine Bedeutung hat. Er geht auf die Reform des Föderalismus in Deutschland zurück, im Zuge derer den Ländern im deutschen Bundesstaat die Gesetzgebungskompetenz für das Versammlungsrecht anvertraut wurde. Der Musterentwurf eines Versammlungsgesetzes sollte dazu dienen, eine Rechtszersplitterung in Deutschland zu verhindern.

So wenig der äußere *Anlass* für die Erarbeitung des Musterentwurf eines Versammlungsgesetzes für andere Rechtsordnungen von Interesse sein mag, so sehr kann es aber sein inhaltliches *Anliegen* sein. Das Hauptanliegen des Entwurfes ist es ein Modell für ein Versammlungsrecht zu entwerfen, das sich einerseits an die deutsche Tradition anlehnt, aber sie andererseits gegen den polizeirechtlichen Strich ließt. Der Musterentwurf will Versammlungen nicht mehr in erster Linie aus der Perspektive des Gefahrenabwehrrechts betrachten, in der sie lediglich als potentielle Gefahren in den Blick geraten, die im Zweifel abgewehrt werden müssen, sondern aus der Perspektive gesellschaftlicher Selbstorganisation zur Beteiligung an der politischen Willensbildung, die alle rechtliche Anerkennung und administrative Unterstützung verdient. Der Musterentwurf will das Versammlungsrecht als Versammlungsermöglichungsrecht verstehen. Diese Perspektive

7

auf das Versammlungsrecht mag auch für andere Rechtstraditionen von Interesse sein.

Dies gilt u.U. besonders auch für die süd-koreanische. In der jüngeren süd-koreanischen Geschichte haben Versammlungen wiederholt grundlegenden politischen Wandel bewirkt. Die Demokratiebewegung vom 18. Mai 1980 in Gwangju begehrte gegen die Militärdiktatur auf und wurde zunächst von General Chun Doo-hwan blutig niedergeschlagen. Doch 1987 trug eine Koalition von Studenten, Arbeitern und Kirchen den „Juni-Kampf" auf die Straße. Die Demonstrationen erreichten demokratische und soziale Reformen, die Südkorea auf den Weg zu freien Wahlen und zivilen Regierungen führten. Im Herbst 2016 begann die „Kerzen-Revolution", die im Mai 2017 zum Rücktritt der in verschiedene Korruptionsskandale verwickelten Präsidentin Park Geun-Hye führten. Am 3. Dezember 2016 beteiligten sich mehr als 2,3 Millionen Menschen an den friedlichen politischen Protesten. Diese historischen Erfahrungen scheinen das kollektive Gedächtnis der Koreaner tief geprägt und der Versammlungsfreiheit einen festen und bedeutenden Platz in der politischen Kultur des Landes zu geben. Auch heute noch werden viele gesellschaftliche Debatten auf der Straße ausgetragen. Dabei haben gerade auch die Erfahrungen mit der „Kerzen-Revolution" dazu geführt, dass die Versammlungen ganz überwiegend friedlich verlaufen. Süd-Korea verfügt damit über eine Versammlungstradition und -kultur, die in der Welt ihres gleichen sucht.

Um so mehr freuen sich die Autoren des vorliegenden Bandes an dem Interesse, das der Musterentwurf in der süd-koreanischen

Rechtswissenschaft gefunden hat. Auch die deutsche Debatte kann von einer Diskussion der Regelungen des Musterentwurfs in einer so bedeutenden Versammlungskultur wie der Süd-Koreas nur profitieren. Freilich lässt sich für die Verfasser gar nicht abschätzen, ob die Regelungen des Musterentwurfs im Einzelnen anschlussfähig für die koreanische Diskussion sein können. Sie haben jedoch die durch die Lebendigkeit der süd-koreanischen Versammlungskultur begründete Hoffnung, dass die grundlegende Perspektive des Entwurfs, die die Hauptaufgabe eines Versammlungsrechts darin sieht, Versammlungen in demokratischer Selbstorganisation zu ermöglichen, auch in Süd-Korea von vielen geteilt werden kann.

Im Namen aller Autoren danke ich Prof. Dr. Suh und Prof. Dr. Park für Ihre Übersetzung des Musterentwurfs, der eine Auseinandersetzung um sein Anliegen und seine Inhalte im koreanisch-deutschen Rechtsdialog überhaupt erst möglich macht.

Freiburg im September 2019
Ralf Poscher

집회법 모범초안은 다른 국가들의 법질서에서는 의미를 가지지 않을
수도 있는 사건을 계기로 작성되었다. 최근 독일에서는 집회법에 대한
입법권한을 연방 각 주들에 부여하는 '연방제 개혁'이 있었는바, 이를 계
기로 본 초안에 대한 작업이 시작된 것이다. 이러한 상황하에서 모범초
안은 독일 내 법률들이 통일적으로 규율되지 못하는 것을 막는 데 기여
하고자 한다.

이와 같은 집회법 모범초안의 외적 계기는 다른 국가의 법질서에서는
관심사가 아닐 수 있으나, 내용적 계기는 관심의 대상이 될 수 있다. 모
범초안의 주된 계기는 한편으로는 독일 집회법의 전통을 유지하면서도,
다른 한편으로는 경찰법과는 차별화된 집회법 모델을 마련하는 데 있
다. 집회법 모범초안은 의심스러운 경우에는 방지되어야 할, 잠재적 위
험요소로 집회를 바라보는 위험방지법적 관점에서 접근하지 않는다. 집
회란 모든 법적 승인과 행정적 지원을 받을 가치가 있는, 정치적 의사형
성에의 참여를 위한 사회적 자기조직이라는 관점에서 접근하고자 한다.
집회법 모범초안은 집회법을 '집회를 가능하게 하는 법'으로 이해한다.
집회법에 대한 이러한 관점은 다른 법전통을 가지고 있는 국가들에서도
큰 관심사가 될 수 있다.

이러한 내용은 특히 한국의 법전통과도 관련 있다. 한국 근대사에서
집회는 거듭하여 중요한 정치적 변혁의 중심에 있었다. 1980년 군사독
재에 항거하여 일어난 5 · 18 민주화운동을 전두환은 유혈 진압하였다.
이후 1987년 6월 항쟁을 통해 학생, 노동자, 종교인은 하나가 되어 거리

로 뛰쳐나왔다. 이들 집회는 한국에서 자유선거의 실시와 시민정부의 수립을 가져왔으며, 민주적·사회적 개혁들을 가능하게 하였다. 2016년 가을, 여러 부패스캔들에 연루된 박근혜 전 대통령의 탄핵으로 이어진 '촛불집회'가 시작되었다. 2016년 12월 3일에는 약 230만 명의 시민들이 평화적·정치적 집회에 참가하였다. 이러한 역사적 경험은 한국인들의 집단기억 속에 깊이 각인되어 있으며, 집회의 자유는 한국의 정치 문화에서 확고한, 그리고 중요한 자리를 차지하고 있다. 오늘날에도 다양한 사회적 논쟁들은 거리에서 이루어지고 있다. '촛불집회'의 경험으로 대다수의 집회는 평화적으로 진행된다. 한국은 전 세계적으로 유례를 찾아볼 수 없는 집회전통과 집회문화를 보유하고 있는 것이다.

본서의 저자들은 한국 법학에서도 독일 집회법 모범초안에 관심을 가지고 있다는 것을 매우 기쁘게 생각한다. 한국과 같이 의미 있는 집회문화를 가지고 있는 나라에서 모범초안의 규정들이 논의됨으로써, 집회법과 관련된 독일에서의 논의들도 많은 수혜를 얻을 수 있을 것이라 기대한다. 물론 저자들은 모범초안의 규정들이 한국의 논의에 얼마나 의미를 가질 수 있을지에 대해서는 예측할 수 없다. 그럼에도 불구하고 우리들은 한국 집회문화의 생동성을 고려할 때, '집회법의 주된 임무는 민주적 자기조직하에 집회를 가능하게 하는 것'이라는 모범초안의 근본적 관점이 한국에서도 널리 공유될 수 있기를 희망한다.

이 자리를 빌려 한국과 독일 간의 법적 담론 속에서 모범초안의 내용들이 논의될 수 있도록 본서를 번역해 준 서정범 교수(국립경찰대학)와 박원규 교수(국립군산대학교)께 다른 모든 저자들을 대신하여 감사의 말씀을 드린다.

2019년 9월 프라이부르크에서
랄프 포서

▌▌ 서 문 ▌▌

연방제 개혁 이래로 독일의 각 주(州)들은 집회법에 대한 입법권한을 가지게 되었다. 이를 통해 집회법이 발전하고 현대화될 수 있는 기회를 얻게 되었다.

집회법을 연구하는 학자 및 저자들로 구성된 "집회법 워킹그룹(Arbeits-kreis Versammlungsrecht)" 위원들은 수차례 베를린과 라이프치히에 모여 전문가 및 실무자들의 자문을 실시하였으며, 주입법자들에게 모범이 될 수 있도록 해설을 포함한 집회법 초안을 공동으로 작성하였다. 이에 공저자들은 집회법 초안을 이 책자를 통하여 공개한다. 우리 공저자들은 이를 계기로 집회의 자유에 대한 공적인 논의가 촉진되기를 바라며, 더 나아가 독일연방의 각 주 의회들이 가능한 한 최대한 통일성을 유지하며 집회법을 개정하게 되는 자극제가 되기를 바란다.

공저자들은 자문위원회의 하르트무트 브렌나이젠 Ltd. Regierungsdi-rektor(슐레스비히-홀슈타인 주), 우도 베렌데스 Ltd. Politzeidirektor(노르트라인-베스트팔렌 주) 그리고 올리버 퇼레 Kriminaldirektor(베를린)께 감사드린다. 특히 출장비와 숙박비, 그리고 전문연구원 및 학생연구원 경비 등 연구비를 지원해 준 프리드리히-에버트 재단에도 감사의 말을 전한다.

2010년 9월

크리스토프 엔더스
볼프강 호프만-림
미하엘 크니젤
랄프 포셔
헬무트 슐체-필리츠

▌▌ 약 어 ▌▌

BayVersG	Bayerisches Versammlungsgesetz (BayVersG) vom 22. Juli 2008 (GVBl. S. 421)
BverfG (K)	Beschluß einer Kammer des Bundesverfassungsgerichts
BVersG	Versammlungsgesetz (des Bundes)
LVersG-E BW	Gesetzentwurf der Landesregierung (Stand 24. 7. 2008), Gesetz zur Regelung von Versammlungen in Baden-Württemberg, Artikel 1: Versammlungsgesetz für Baden-Württemberg (Landesversammlungsgesetz–LVersG)
NVersG-E	Gesetzentwurf der Fraktion der CDU und der Fraktion der FDP, Gesetz zur Neuregelung des Versammlungsrechts, Artikel 1: Niesersächisches Versammlungsgesetz (NVersG), Nds. LT-Dts. 16/2075 v. 12. 1. 2010.
SächsVersG	Gesetz über Versammlungen und Aufzüge im Freistaat Sachsen (Sächsisches Versammlungsgesetz-SächsVersG) v. 20. 1. 2010 (GVBl S. 3)
VersammlG LSA	Gesetz des Landes Sachsen-Anhalt über Versammlungen und Aufzüge (Landesversammlungsgesetz-VersammlG LSA) v. 3. 12. 2009 (GVBl S. 558)
VersG-E–BL	Entwurf eines Versammlungsgesetzes, Bund-Länder-Arbeitsgruppe; s. Anlage Nr. 2
VersG-E–GdP	Musterentwurf der Gewerkschaft der Polizei für ein Versammlungsgesetz (Stand 29. 6. 2009)

· 그 밖의 약어들은 H. Kirchner, Abkürzungsverzeichnis der Rechtssprache, 6. Aufl. 2008 참조.
· 집회법 워킹그룹 구성원 명단 및 이력은 이 책의 뒷부분에 있다.

요구한다. 집회법 모범초안(이하 '모범초안'이라고 한다)은 1953년 제정된 집회법이 규율하지 않고 있던 문제들에 대하여 답하고, 이미 이루어진 집회법 개정 및 보완에 관한 내용을 체계화하며, 집회의 자유를 지금보다 더 강화된 '시민적 자기조직에 관한 권리(Recht bürgerschaftlicher Selbstorganisation)'로 형성하고자 한다. 또한 집회법 모범초안은 오늘날의 집회 실무의 발전에 상응하도록 몇몇 규정들을 보완하고자 한다. 이와 관련하여 연방헌법재판소 판례가 문제에 대한 해결방안을 제시한 경우에는 이를 모범초안에 반영하였다. 모범초안은 집회법의 현대화를 위해 새로이 부여된 입법권한을 행사하고자 하는 주 입법자들에게 하나의 모델을 제공하는 것을 목적으로 하며, 이를 통해 집회법의 통일을 어느 정도 달성할 수 있을 것이라 기대한다.

모범초안은 다음과 같은 4가지 기본사상을 특징으로 한다. 첫째, 집회를 시민적 자기결정에 따른 자유행사의 표현으로 이해하고, 집회법을 위험방지법이 아니라 기본권보장법(Grundrechtsgewährleistungsrecht)으로 이해한다. 둘째, 각 규정들은 가능한 한 법치국가적 명확성을 추구하고 이를 통하여 시민들에게, 그리고 직무를 수행하는 권한 있는 행정청에게 지향점을 제공하고자 한다. 셋째, 모든 유형의 집회와 집회법상 문제에 대하여 광범위한 규정을 둘 것을 요청한다. 넷째, 집회현실의 최근 발전과 경향에 관한 새로운 규정을 마련함으로써 집회법을 현대화하고자 한다.

I

입법자에게 부여된 집회 규율 권한을 ―민주질서에 있어서 시민적 자기조직의 본질적인 형태를 담보하는― 집회의 자유의 보장과 보호라는 의미로 이해할 필요가 있다. 이와 함께 개별 집회법 규정들의 법치국가적인 구성에서 모범초안의 자유주의적 성격을 찾아볼 수 있다.

모범초안은 집회의 자율성을 보장하는 것에 큰 가치를 두고 있다. 모범초안은 집회의 목적, 대상, 장소, 시간에 대한 결정을 기본권주체에게 맡겨 놓고 있을 뿐만 아니라, 집회 내에서의 질서유지에 관해서도 별도의 규정을 두고 있지 않다. 모범초안은 자율성을 보호할 수 있는 수단으로 집회 주관자와 질서유지인 등과 같은 전통적인 수단을 함께 규정하고 있다. 법률에 개별적으로 규정되어 있는 집회관리 권한은 집회의 내적, 외적 질서를 가능한 한 스스로 보장할 수 있도록 하여야 한다. 따라서 원칙적으로 국가는 집회 스스로 내적, 외적 질서를 유지할 수 없음이 입증된 경우에 한하여 집회에 개입할 수 있다.

모범초안에 규정되어 있는 집회와 권한 있는 행정청 간의 협력 또한 집회의 자유의 보장 및 보호와 관련된다. 절차적 수단으로서의 협력은 집회의 자율성을 보장하는 한편, 제3자로부터 집회의 진행을 보호하고 집회 및 그 참가자로부터 발생할 수 있는 위험을 방지하는 것에 기여한다. 한편 행정청과의 협력, 특히 협력을 위한 대화(Kooperationsgespräch)는 집회 주관자에 대한 요청이다. 그러한 요청을 받아들이지 않았다고 하여 법적인 제재가 뒤따르지는 않지만, 집회 주관자가 요청을 받아들였다면 제거될 수 있었던 위험상황이 협력을 하지 않음으로써 계속 존재하게 되고, 집회에 대한 제한조치가 필요하게 되는 결과가 발생할 수도 있다.

기본법 제8조 제1항에 규정되어 있는 신고 및 허가면제(Anmelde- und Erlaubnisfreiheit)[2]는 절차법적 관점에서 집회에 대한 보충적인 보호를 의미한다. 옥외집회에 대한 원칙적 신고 또는 허가의무는 집회법에서 가장 중요한 집회 유형인 옥외집회에 대한 보호를 부정하는 것이나 다름없다. 따라서 모범초안에서는 집회의 적법성에 영향을 줄 수 있는 신고절차는 별도로 규정하고 있지 않다. 모범초안에서 규정하고 있는 옥외집회에 대한 신고의무는 단지 인식표시(認識表示, Wissenserklärung)[3]의 성

---

2) [역주] 독일 기본법 제8조 제1항은 "모든 독일인은 신고나 허가를 받지 않고 평화적 비무장의 집회를 할 권리를 갖는다"라고 규정하고 있는바, 이처럼 신고를 하거나 허가를 받을 필요 없이 집회를 행하도록 되어 있는 것을 독일에서는 '신고 및 허가면제'라고 부르고 있다.

3) [역주] 인식표시(Wissenserklärung)란 그 자체로는 아무런 법적 효과를 가져오지 않고, 단지 다른 사람에게 자신이 일정한 사실을 알고 있다는 사실을 알려 주는 것을 의미한

질을 가지며, 지금까지의 판례를 반영하여 긴급집회와 우발적 집회에 대한 신고의무를 수정하였다. 모범초안은 신고에 대한 이러한 이해의 예외를 오직 의회의 장소적인 기능보호를 위해서만 규정하고 있다. 즉, 이 경우에는 신고의무 및 금지유보가 존재한다. 모든 유형의 집회에 대한 허가면제는 집회의 진행뿐만 아니라 그 밖의 공적 교통장소의 사용에 대한 허가에도 적용된다.

집회법은 특히 제3자에 의한 방해로부터 집회를 보호한다. 집회법은 집회 주관자에게 집회의 내적 질서의 방해에 대한 권한을 부여하고 있으며, 권한 있는 행정청에게 그에 상응하는 조치를 취할 수 있는 권한을 부여하고 있다. 또한 적법한 집회의 방해자에 대한 조치의 엄격한 우위 (strikter Vorrang)를 규정하고 있다.

무엇보다도 모범초안은 집회를 위험집단으로 취급하지 않는다. 대다수의 집회의 경우 위험이 발생하지 않는다. 민주적 의사형성과정에 적극적으로 참여하는 수단으로서의 집회에 있어 중요한 것은 자유권 행사의 보호이지, 집회의 자유에 대한 제한을 통한 위험의 사전예방 (Gefahrenvorsorge)이 아니다. 그러므로 집회에 대한 행정청의 조치는 구체적 사안에서 집회의 진행으로 인하여 직접적 위험이 발생할 우려가 있는 경우에 한하여 허용된다. 따라서 모범초안은 대체로 연방헌법재판소가 브록도르프 결정(Brokdorf Entscheidung)[4]에서 집회의 자유의 제한에 대해 요구한 위험기준(Gefahrenschwelle)에 따르고 있다. 이에 상응하여 모범초안은 —내적 집회의 자유에 대하여 부정적인 영향을 미친다는 이유로— 구체적 위험 전단계에서 정보수집을 통하여 집회의 자유를 침해할 권한을 인정하지 않고 있다. 구체적 위험방지를 목적으로 수집한

다. 이런 점에서 인식표시는 의사표시(Willenserklärung)와 대비되며, 따라서 인식표시는 사실행위의 형식에 속한다.

4) [역주] 브록도르프 결정이란 집회의 자유에 관한 1985년의 독일 연방헌법재판소의 기본적인 결정을 말하는바, 이 결정을 통하여 연방헌법재판소는 최초로 집회의 자유에 대한 자신의 입장을 상세하게 밝힌 바 있다. 한편 동 결정에 관하여 자세한 것은 BVerfGE 69, 315 ff. 참조.

정보의 목적변경은 단지 집회와 관련된 엄격한 한계 내에서만 허용
된다.

II

　모범초안의 법치국가적 요청은 본 초안이 연방헌법재판소의 해석에
서 나타나는 헌법적 기준에 기초하고 있다는 점뿐만 아니라, 아주 높은
수준의 규범적 명확성과 체계성, 그리고 용어 사용의 일관성을 추구하
고 있는 점에서도 잘 드러난다.

　공공의 질서라는 개념의 불명확성 및 그 해석과 적용에 있어서의 불
안정성을 고려하여 집회법에서의 위험방지를 공공의 안녕이라는 법익
에만 한정하고, 지금까지 공공의 질서의 범주에 포함되는 것으로 이해
되어 왔던 특정한 보호법익들은 별도로 법률에서 규정함으로써 공공의
안녕이라는 보호법익의 지위를 갖도록 하였다. 모범초안에는 특히 복면
금지 및 보호장구(保護裝具, Schutzrüstung) 금지가 규정되어 있으며, 군사
적 행위 금지(Militanzverbot) 또한 규정하였다. 군사적 행위 금지의 구체
적인 범주 내에 제복착용 금지(Uniformverbot)도 포함되지만, 이 경우 헌
법적으로 허용될 수 있는 한도 내에서 필요한 핵심적 부분에 한하여 금
지될 수 있다. 어떤 행위가 금지되는 행위인지 여부를 입법화한다 하더
라도 그것은 필연적으로 불명확성을 띠기 마련인데, 이러한 문제에 대
처하기 위하여 집회참가자가 금지의 한계를 명확히 인식할 수 있도록
하고, 금지를 고권적으로 관철하기 위한 조치가 구체적인 명령에 근거
할 수 있도록 하기 위한 절차법적인 안전장치를 마련하였다. 이렇게 구
체화된 금지는 경우에 따라 집회 참가 배제를 통하여 관철되고, 사후에
는 질서위반행위로서 제재를 받도록 하고 있다.

　집회법과 경찰법 간의 관계는 지금까지 법적 · 실무적으로 많은 불명
확성과 의문스러운 사례들을 야기하여 왔는바, 이들 간의 관계를 명시
적으로 규정하는 것 또한 법치국가적 명확성에 기여한다. 모범초안은
―예컨대 고정식 또는 이동식 검문소 설치 등과 같이― 집회와 관련된

특수한 권한을 독자적으로 규정하고 있다. 그러나 모범초안에서 일반 경찰법의 적용을 허용하는 경우에도 일반 경찰법은 집회법의 특징적 개념인 직접적 위험(unmittelbare Gefahr)이라는 개념을 통해 수정을 받게 된다. 이에 반하여 집회에 참가하지 않는 제3자에 대한 조치는 —모범초안이 예외적으로 그러한 권한을 규정하고 있지 않다면— 직접적으로 경찰법에 근거하여 행해질 수 있는데, 제3자는 집회법의 특별한 보호를 필요로 하지 않기 때문이다.

III

모범초안은 집회와 관련된 사항에 대하여 광범위하게 규정하고자 한다. 이러한 이유로 공개집회와 비공개집회, 옥외집회와 옥내집회 등과 같은 모든 유형의 집회에 대하여 규정하고 있다. 모범초안은 먼저 모든 유형의 집회에 대해 적용되는 규정을 총칙에서 총괄적으로 규정한 다음, 기본법 제8조의 체계에 따라 상이한 헌법적 요청이 적용되는 옥외집회와 옥내집회에 대한 규정을 구분함으로써 근본적으로는 연방집회법의 체계를 받아들이고 있다. 그러나 모범초안은 연방집회법과는 달리 실무적으로 더 중요한 의미를 가지는 옥외집회에 관한 규정을 먼저 설명하였다. 모범초안은 비공개집회에 대해서도 규율하고 있다. 입법기술적으로는 공개집회에만 적용되는 규정들에 대해서는 그에 관하여 별도로 언급하는 방법으로 이루어졌다. 비공개집회에 대하여는 그 핵심영역(Kernbestand)에 국한하여 규정하였으며, 집회주관자 관련 규정은 선택모델(Optionsmodell)을 적용함으로써 이러한 유형의 집회에 대하여 과도하게 규정하는 것을 방지하였다. 연방집회법이 규율하지 않고 있던 문제들에 대해 명확히 규정하고자 노력하였다는 점에서도 모범초안이 규정하는 범주는 광범위하다. 예를 들면 집회의 주최자, 신고자, 주관자의 관계에 대한 규정들을 수정하고 체계화하였다. 만약 필요하다면 경찰법의 규정들을 집회법에 명시적으로 도입하였고, 집회에 필요한 교통장소 사용을 위해 별도의 허가를 받을 필요가 없음을 명시적으로 규정하고 있는 점 또한 모범초안이 규율하는 범주가 광범위하다는 것을 보여 준다. 집회와 관련하여 제기된 모든 법적 문제들은 원칙적으로 집회법에서 그 답을 찾을 수 있어야 한다.

IV

마지막으로 모범초안은 최신 상황을 고려하여 집회법을 수정하고자 시도하였다는 점이 특징이다. 사유화된 공적 장소에 대한 규정이나 영상촬영 및 녹음에 있어서의 정보보호에 대한 규정들은 그러한 시도의 예라고 할 수 있다.

집회의 자유는 대부분 공적 공간에서 발현된다. 따라서 집회의 자유의 행사를 위해서는 공적 장소가 필요하다. 이와 관련하여 보행자 전용 구역이나 쇼핑센터와 같이 지금까지 공적 공간이었던 곳이 사유화됨으로써, 오래전부터 집회의 자유의 행사를 위하여 사용되어 왔던 장소에서 더 이상 집회를 할 수 없게 되는 결과가 초래되어서는 안 된다. 따라서 사유화된 공적 교통공간에서 집회의 진행이 가능하도록 기본법 제8조의 헌법적 기준들을 이들 공간에 대해서도 구체화할 것이 입법자에게 요구된다. 이와 관련하여 모범초안은 협력사상과 연계된 모델을 개발하였다.

영상촬영 및 녹음 규정은 한편으로는 조망촬영(眺望撮影, Übersichtsaufnahme)에 관한 명확한 규정들을 포함하고 있고, 다른 한편으로는 정보폐기에 대해 상세히, 집회의 특수성을 고려하는 방법으로 규정함으로써 감시가능성에 관한 급격한 기술 발전을 고려하고 있다. 이에 대해 규정함에 있어, 기술적 감시수단 투입의 공개성과 사후 심사 가능성에 특별한 가치를 두었으며 이는 대상자와 집회 주관자에 대한 별도의 고지의무 등을 통하여 보장된다.

V

집회법 워킹그룹은 본 모범초안이 기본법상의 법치국가적 민주주의 실현을 위해 포기될 수 없는 자유권 중 하나인 집회의 자유가 지속적으로 발전할 수 있는 계기를 제공하기를 기대한다.

법률조문

개 관

Ⅰ. 총 칙

Ⅱ. 옥외집회

III. 옥내집회

IV. 범죄행위, 질서위반행위, 몰수, 비용, 손실보상 및 손해배상

제31조 손실보상 및 손해배상

V. 종결규정

제32조 기본권의 제한

법률조문
내 용

I. 총 칙

제1조 집회의 자유 (1) 모든 사람은 신고 또는 허가 없이 평화롭게, 그리고 무기를 소지하지 않고 타인과 집회하고, 집회를 개최할 권리를 가진다.

(2) 기본법 제18조에 따라 집회의 자유를 상실한 자는 이 권리를 가지지 아니한다.

제2조 공개집회의 개념 (1) [1]이 법에서의 집회란 공동의, 공적인 의사형성에의 참여를 위한 토론 또는 의사표현을 주된 목적으로 하는 적어도 2인 이상의 장소적 회합을 말한다. [2]행진이란 움직이는 집회를 말한다.

(2) 공개집회란 그에 대한 참가가 개별적으로 특정된 인적 범위에 한정되어 있지 않거나, 집회장소 주위에 있는 공중에 대한 의사표현을 목적으로 하는 집회를 말한다.

(3) 특별한 규정이 없는 한 이 법은 공개집회 및 비공개집회 모두에 적용된다.

제3조 보호임무와 협력 (1) 권한 있는 행정청은 다음 각 호를 그의 임무로 한다.

1. 이 법이 정하는 바에 따라 허용되는 집회의 진행 지원

2. 집회 진행의 방해로부터의 보호, 그리고

집회로부터 또는 집회와 관련하여 제3자로부터 발생하는 공공의 안녕에 대한 위험 방지

(2) ^{1}집회의 형태 및 규모에 따라 필요한 경우 권한 있는 행정청은 집회의 질서 있는 진행과 관련 있는 위험상황 및 기타 사정에 대한 논의를 위해 공개집회의 주최자나 주관자에게 협력대화를 적시에 제안할 수 있다. ^{2}제13조 제1항, 제23조 제1항에 따른 금지나 제한을 가능하게 하는 위험이 존재한다고 판단할 근거가 있는 경우에는 보완 진술이나 예정된 집회의 변경을 통하여 금지나 제한이 필요 없도록 할 수 있는 기회를 주어야 한다.

(3) 협력 차원에서 권한 있는 행정청은 집회의 형태 및 규모에 따라 필요한 경우 집회 시작 전이나 진행 중 이루어지는 위험상황의 중대한 변화에 대하여 공개집회의 주최자나 주관자에게 통보하여야 한다.

제4조 집회의 주최 ^{1}집회주최자란 집회에 초청하거나 제10조 또는 제20조에 따라 집회를 신고하는 자를 말한다. ^{2}공개집회에의 초청에는 성명을 명시하여야 한다.

제5조 집회의 주관 (1) ^{1}집회를 주최하는 자는 그 집회를 주관한다. ^{2}다수인이 집회를 주최하는 경우에는 이들이 집회주관자를 정한다. ^{3}단체가 집회를 주최하는 경우 그 단체를 대표하는 자가 집회를 주관한다.

(2) 집회의 주관권은 위임할 수 있다.

(3) 집회를 주최하는 자가 없는 경우 집회가 주관자를 지정할 수 있다.

(4) 집회의 주관에 관한 이 법의 규정들은 집회주관자가 정해져 있는 경우에 한하여 비공개집회에도 적용된다.

제6조 집회주관자의 권한 (1) ¹집회주관자는 집회가 질서 있게 그리고 평화적으로 진행될 수 있도록 하여야 한다. ²집회주관자는 언제든지 집회를 중지하고 종결할 수 있다.

(2) ¹집회주관자는 질서유지인의 조력을 구할 수 있다. ²질서유지인은 옥외집회의 경우 "질서유지인"이라고만 적힌 흰색 완장을 착용하여 식별이 가능하도록 하여야 한다. ³집회참가자에 관한 이 법률의 규정들은 질서유지인에 대해서도 적용된다.

(3) 집회의 질서유지를 위하여 집회주관자와 질서유지인이 발하는 명령은 준수되어야 한다.

(4) ¹집회주관자는 집회의 질서를 현저히 어지럽히는 자를 집회로부터 배제할 수 있다. ²집회로부터 배제된 자는 지체 없이 집회 장소를 떠나야 한다.

제7조 방해금지 집회의 진행을 현저하게 저해하거나 불가능하게 하는 것을 목적으로 집회를 방해하는 것은 금지된다.

제8조 무기금지 다음 각 호의 물건을 집회 또는 집회로 향하는 도중에 소지하거나, 집회 장소로 운반하거나, 집회에서 사용하기 위하여 준비하거나 배부하는 것은 금지된다.

1. 무기

2. 그 성질상 사람에 대한 상해 또는 물건에 대한 중대한 손상을 가져오기에 적합하고, 정황상 그와 같은 용도로 사용될 것으로 판단되는 그 밖의 물건

제9조 경찰법의 적용가능성 (1) 처분을 행하는 시점에 인식할 수 있는 제반 사정을 고려할 때 집회의 진행 전이나 진행 중 또는 집회에 연이어서 집회참가자들로부터 공공의 안녕에 대한 직접적 위험이 발생하는 경우 집회법이 개별 참가자에 대한 위험방지조치를 규정하고 있지 않

는 한 주 경찰법에 따른 조치가 허용된다.

(2) 옥내집회에 대해서는 제23조 제1항에서 의미하는 위험이 참가자에 의해 발생하는 경우 제1항이 적용된다.

(3) 집회 시작 전에 이루어지는 집회참가 금지조치는 제14조 또는 제24조에 따른 참가금지를 전제로 한다.

II. 옥외집회

제10조 신 고 (1) [1]옥외집회를 주최하고자 하는 자는 이를 늦어도 집회초청 48시간 전에 권한 있는 행정청에 신고하여야 한다. [2]다수인이 집회를 주최하는 경우에는 하나의 신고만을 하여야 한다. [3]신고는 서면이나 전자적 방법 또는 조서로 하여야 한다. [4]토요일, 일요일 및 공휴일은 기간의 계산에 산입하지 아니한다.

(2) [1]신고서에는 예정된 집회의 장소, 시간 그리고 목적을 기재하여야 하며, 행진의 경우에는 예정된 경로 또한 기재하여야 한다. [2]신고는 신고인, 그리고 주관자가 존재하는 경우에는 주관자의 이름과 주소를 포함하여야 한다. [3]집회 주관자가 사후에 지정되는 경우에는 주관자가 될 사람의 이름과 주소를 지체 없이 관할 행정청에 통보하여야 한다. [4]집회의 주관자가 질서유지인의 조력을 필요로 하는 경우에는, 질서유지인의 수를 포함하여 그 선임에 대해 권한 있는 행정청에 통보하여야 한다.

(3) [1]제1항 제1문의 기한을 준수할 경우 집회의 목적달성이 어려울 때에는(긴급집회) 늦어도 그 초청과 동시에 관할 행정청 또는 경찰관서에 집회를 신고하여야 한다. [2]신고는 전화로도 할 수 있다.

(4) 집회가 우발적인 결정에 의해 즉각적으로 형성되는 경우에는(우발적 집회) 신고의무는 면제된다.

제11조 허가면제 옥외공개집회의 경우 공적 교통에 제공되어 있는 장소의 사용에 관한 행정청의 허가는 필요하지 않다.

제12조 행정청의 거부권 (1) 권한 있는 행정청은 처분을 행하는 시점에서 인식할 수 있는 제반 사정을 고려할 때 특정한 집회주관자를 선임하는 것이 집회의 진행에 있어 공공의 안녕을 직접적으로 위협하는 경우, 그를 부적합한 것으로 거부할 수 있다.

(2) 옥외공개집회로 인하여 공공의 안녕에 대한 위험이 야기될 우려가 있다고 판단할 실질적 근거가 있는 경우, 주최자는 권한 있는 행정청의 요구에 따라 질서유지인의 이름과 주소를 관할 행정청에 통보하여야 한다. 권한 있는 행정청은 처분을 행하는 시점에서 인식할 수 있는 제반 사정을 고려할 때 질서유지인을 선임하는 것이 집회의 진행에 있어 공공의 안녕을 직접적으로 위협하는 경우, 그를 부적합한 것으로 거부할 수 있다.

제13조 제한, 금지, 해산 (1) 권한 있는 행정청은 처분을 행하는 시점에 인식할 수 있는 제반 사정을 고려할 때 집회의 진행으로 인하여 공공의 안녕이 직접적으로 위협받는 경우에는 옥외집회의 진행을 제한하거나 금지할 수 있으며, 집회가 시작된 후라면 해산할 수 있다.

(2) 금지나 해산은 제한만으로는 충분하지 않은 경우에만 허용된다.

(3) [1]공공의 안녕에 대한 직접적 위험이 제3자에 의해 야기되는 경우, 위험방지 조치는 이 자를 대상으로 하여야 한다. [2]주 또는 연방차원에서 가용 경찰력을 모두 투입하더라도 직접적 위험을 방지할 수 없는 경우에는, 위험을 야기하지 않는 집회에 부담을 가하는 방법으로 제1항 및 제2항에 따른 조치들을 행할 수 있다. [3]집회의 금지나 해산은 사람의 생명이나 건강 또는 중대한 가치를 가지고 있는 물건에 대한 위험을 전제로 한다.

(4) 제한 또는 금지가 발하여질 예정인 경우, 이러한 처분들을 정당화

시키는 사유들을 확인한 후 지체 없이 이를 고지하여야 한다.

(5) ^{1}집회가 시작된 이후에 제한 또는 해산을 고지하는 경우에는 그러한 처분의 이유를 제시하여야 한다. ^{2}제1문에 따른 처분에 대한 행정심판 또는 취소소송은 집행정지효(aufschiebende Wirkung)를 가지지 않는다.

(6) ^{1}집회의 해산이 선언되었다면 그 장소에 있는 모든 사람들은 지체 없이 떠나야 한다. ^{2}해산된 집회를 대신하는 대체집회를 진행하는 것은 금지된다.

제14조 참가 또는 체류금지 및 배제 (1) 처분을 행하는 당시에 인식할 수 있는 제반 사정을 고려할 때 집회의 진행에 있어 공공의 안녕에 대한 직접적 위험이 특정인에 의하여 야기될 것이라고 판단되는 경우, 권한 있는 행정청은 옥외집회의 시작 전에 그 집회에의 참가 또는 체류를 금지할 수 있다.

(2) ^{1}집회에서 공공의 안녕을 직접적으로 위협하는 행위를 하는 사람, 또는 제17조 제2항이나 제18조 제2항에 따른 명령에 위반하는 사람에 대하여 집회주관자가 저지하지 않는다면, 권한 있는 행정청이 그 사람을 집회로부터 배제할 수 있다. ^{2}집회로부터 배제된 사람은 지체 없이 집회장소를 떠나야 한다.

제15조 검문소 (1) ^{1}무기를 소지하거나 제8조 제2호, 제17조 또는 제18조가 규정하고 있는 물건을 사용하는 것이 옥외공개집회의 진행에 있어 공공의 안녕을 직접적으로 위협한다고 인정할 만한 사실상의 근거가 존재하는 경우, 집회의 진입로에 사람과 물건을 수색하기 위한 검문소(Kontrollstellen)를 설치할 수 있다. ^{2}수색은 주 경찰법에 따라 행해진다. ^{3}검문소는 수색이 신속하게 행해질 수 있도록 설치되어야 한다.

(2) 신원확인 및 추가적인 경찰-질서법 또는 형사소송법상의 조치들은 검문소에서 제8조, 제17조, 제18조에 위반하는 행위가 행해질 우려가

있거나 형사처벌의 대상이 되는 행위가 행해질 것에 대한 사실상의 근거가 존재하는 경우에만 허용된다.

제16조 촬영, 녹음 및 그 저장 (1) ¹권한 있는 행정청은 어떠한 사실이 옥외공개집회에서 또는 이와 관련하여 특정인으로부터(von der Person) 공공의 안녕에 대한 중대한 위험이 발생할 것이라는 가정을 정당화하고, 이러한 위험을 방지하기 위한 조치가 필요하다면 옥외공개집회에서 또는 이와 관련하여 그 사람에 대한 영상촬영과 녹음 및 그의 저장을 할 수 있다. ²저장은 다른 사람이 불가피하게 관계되는 경우에도 할 수 있다.

(2) ¹권한 있는 행정청은 집회의 규모 또는 조망 불가능성으로 인하여 개별사안에 있어 필요한 경우에 한하여 경찰의 투입을 유도하고 지휘하기 위하여 옥외집회 및 그 주변에 대하여 조망촬영(眺望撮影, Übersichtsaufnahmen)을 할 수 있다. ²조망촬영은 어떠한 사실이 집회, 집회의 일부 또는 집회의 주변으로부터 공공의 안녕에 대한 중대한 위험이 발생할 것이라는 가정을 정당화하는 경우에만 저장될 수 있다. ³조망촬영 또는 그의 저장의 대상이 된 사람의 신원확인은 제1항의 요건이 존재하는 경우에 한하여 허용된다.

(3) ¹촬영과 저장은 공개적으로 이루어져야 한다. ²조망촬영 및 저장을 하는 경우에는 집회주관자에게 지체 없이 그 사실을 알려야 한다. ³비공개 영상촬영 및 녹음 또는 저장은 촬영과 저장을 행하는 자의 신체의 불가침성이 침해될 우려가 있는 경우에만 허용된다.

(4) ¹대상자의 신원이 확인되었고, 허용되는 사용목적이 위협받지 않게 되었다면 제1항 또는 제2항 제3문에 의해 저장의 대상이 된 자에게 그 사실을 통보하여야 한다. ²비공개 촬영이 행해졌고 관계인에게 통보가 이루어지지 않았다면, 허용되는 사용목적이 위협받지 않게 되는 즉시 집회주관자에게 비공개 촬영이 행해진 사유를 통보하여야 한다.

(5) 촬영물은 다음 각 호의 목적을 위해서도 사용될 수 있다.

1. 집회에서의 범죄행위 또는 집회와 관련된 범죄행위에 대한 형사소추

2. 집회에서 또는 집회와 관련하여 관계인으로부터 형법 위반에 대한 위험이 야기되거나, 장래의 집회에서 이 사람으로부터 다시 형법 위반에 대한 위험이 야기될 우려가 있는 경우 그 위험방지

3. 공공의 안녕에 대한 장해가 발생한 경우 경찰행위에 대한 한시적인 기록

4. 경찰 신임교육 또는 직무교육

(6) [1]촬영물은 집회 또는 시간적, 내용적으로 집회와 직접적으로 관련 있는 사건이 종료된 후에 지체 없이 폐기하여야 한다. [2]다만 촬영물이 제5항에서 열거한 목적을 위해 필요한 경우에는 그렇지 않다. [3]제5항의 목적을 위해 이용되는 촬영물은 그것이 권리구제 또는 사법절차의 대상이 아닌 한 촬영된 후 1년이 경과하면 폐기되어야 한다.

(7) 촬영물이 경찰 신임교육과 직무교육에 사용되는 경우, 촬영의 대상이 된 자의 신원을 복원할 수 없도록 삭제하는 등 교육목적에 적합한 별도의 형태로 제작하여야 한다.

(8) [1]제1항과 제2항에 의한 영상촬영, 녹음, 조망촬영물의 저장 그리고 제5항에 따른 사용의 사유는 기록하여야 한다. [2]제7항에 따라 교육목적에 부합하는 별도의 형태로 제작된 경우, 제작물의 수량과 보관장소를 기록하여야 한다.

제17조 복면 및 보호장구금지 (1) 옥외집회에서, 또는 이와 관련하여 다음 각 호의 물건을 휴대하는 것은 금지된다.

1. 신원은닉에 적합하고 주위의 사정을 고려할 때 범죄행위 또는 질서위반행위의 소추를 위한 신원확인을 방해하기에 적합한 물건

2. 보호장구로 사용하기에 적합하고 주위사정을 고려할 때 고권력 주체의 집행조치를 방지하기 위한 물건

(2) 권한 있는 행정청은 이러한 금지의 목적을 달성하기 위하여 제1항에 따라 휴대가 금지된 물건이 명시되어 있는 명령을 하여야 한다.

제18조 군사적 행위의 금지 (1) 옥외집회가 다음 각 호에 규정되어 있는 외견(外見)으로 인하여 폭력성을 드러내고, 이를 통해 위협적 효과를 가져오는 경우에는 그 집회를 주최하거나, 주관하거나, 그것에 참가하는 것이 금지된다.

1. 제복, 제복의 일부 또는 제복과 유사한 의류
2. 준군사적 행동 또는 이와 유사한 방법

(2) 권한 있는 행정청은 이러한 금지를 관철하기 위하여 금지되는 물건 또는 행위유형이 명시된 명령을 하여야 한다.

제19조 상징적 의미를 가지는 장소와 날짜 (1) ^{1}권한 있는 행정청은 다음의 경우에 옥외집회의 진행을 제한 또는 금지하거나, 집회의 시작 후에 해산할 수 있다.

1. 집회가 역사적으로 중요한 의미를 갖는 기념지역으로서 나치의 폭력적이고 자의적인 지배하에서 인간의 존엄에 반하는 처우를 받았던 희생자를 상기시키는 장소에서 개최되거나, 나치의 폭력적이고 자의적인 지배하에서 인간의 존엄에 반하는 처우를 받았던 희생자를 추모하는 날짜에 개최되는 경우, 그리고
2. 처분을 행할 당시에 인식 가능한 제반 사정을 고려할 때 집회를 통해 나치의 폭력적이고 자의적인 지배가 승인, 찬양, 정당화되고 이를 통해 공공의 평온이 침해받을 것이라는 직접적인 위험이 존재하는 경우
^{2}제1문에 따른 장소와 그 장소적 경계는 이 법률의 별표에서 규정한다. ^{3}제1문에 따른 날짜는 1월 27일과 11월 9일이다.

(2) 집회의 금지나 해산은 제한만으로는 충분하지 않은 경우에만 허용된다.

제20조 주의회의 보호 (1) ^{1}주의회의 헌법적 기능의 보장을 위해 보호구역을 규정한다. ^{2}보호구역에는 (⋯) 이 해당한다.

(2) ^{1}제1항에 따라 규정된 보호구역 내에서 옥외공개집회를 주최하고

자 하는 사람은 늦어도 집회 초청 72시간 이전에 권한 있는 행정청에 신고하여야 한다. [2]신고에 대해서는 제10조 제1항 제2문 및 제3문, 제2항이 적용된다.

(3) 권한 있는 행정청은 처분을 할 당시에 인식 가능한 제반 사정을 고려할 때 집회의 진행에 의해 주의회, 그 기관, 또는 위원회의 활동이 침해받을 것에 대한 직접적인 위험이 존재하는 경우 주의회 의장과의 협의를 거쳐 제1항에 따라 규정된 보호구역 내에서 공개집회를 제한하거나 금지할 수 있다.

(4) 권한 있는 행정청은 제3항의 요건이 존재하거나 제3항에 근거하여 명령된 제한을 위반하는 경우 집회를 해산할 수 있다.

(5) 금지나 해산은 제한만으로는 충분하지 않은 경우에 해당한다.

제21조 공적 교통에 제공되어 있는 사유지 [1]일반 공중에게 개방되어 있는 '공적 교통에 제공되어 있는 사유지'에서는 소유권자의 동의 없이도 공개 집회를 진행할 수 있다. [2]소유권자는 제3조 제2항에 따른 협력에 참여시켜야 한다. [3]10인 이상이 관련되거나 소유관계가 과도한 노력을 통해서만 확인될 수 있는 경우에는 공고를 통해 협력에의 참여를 위한 초청을 할 수 있다.

Ⅲ. 옥내집회

제22조 초 청 (1) 옥내공개집회를 주최하는 자는 집회 초청 시에 특정인 또는 특정 범위의 사람들의 참가를 배제할 수 있다.

(2) 옥내공개집회의 주관자는 공인된 증명서를 통하여 신분이 증명된 기자의 집회 참여를 저지할 수 없다.

제23조 제한, 금지, 해산 (1) 권한 있는 행정청은 처분을 행할 당시에 인식

가능한 제반 사정을 고려할 때 다음 각 호에 대한 직접적인 위험이 발생하는 경우 옥내집회의 진행을 제한하거나 금지할 수 있고, 집회가 시작된 이후에는 그를 해산할 수 있다.

1. 집회의 비평화적인 진행

2. 사람의 생명 또는 건강

3. 중범죄(重犯罪, Verbrechen) 또는 직권으로 소추할 수 있는 경범죄(輕犯罪, Vergehen)에 해당하는 발언이 집회에서 행해지는 경우

(2) 금지나 해산은 제한만으로는 충분하지 않는 경우에만 허용된다.

(3) ^{1}공개집회로부터 제1항에서 열거하고 있는 법익에 대한 위험이 발생할 것이라는 사실상의 근거가 존재하는 경우 경찰공무원은 집회에 출입할 수 있다. ^{2}경찰공무원은 집회주관자가 그들의 출입을 인식할 수 있도록 하여야 한다.

(4) ^{1}제1항에서 열거하고 있는 법익에 대한 직접적인 위험이 제3자에 의해 발생되는 경우, 위험방지를 위한 조치는 이들에게 취해져야 한다. ^{2}주와 연방 경찰력의 동원을 통해서도 위험이 방지될 수 없는 경우에는, 위험을 야기하지 않은 집회에 대하여 제1항과 제2항에 따른 조치들을 취할 수 있다.

(5) 제한이나 금지가 행해져야 하는 경우, 이러한 처분을 정당화시키는 전제조건들이 확인된 후에는 지체 없이 그 사실을 고지하여야 한다.

(6) ^{1}집회의 개시 후에 행해지는 제한처분이나 해산의 고지는 처분의 사유를 적시하여 행하여야 한다. ^{2}제1문에 따른 처분에 대한 이의신청 및 취소소송에는 집행정지효가 인정되지 않는다.

(7) ^{1}집회의 해산이 선언되는 경우 집회에 참석해 있던 모든 사람들은 지체 없이 집회장소에서 떠나야 한다. ^{2}해산된 집회를 대신하여 대체집회를 진행하는 것은 금지된다.

제24조 참가 또는 체류금지 및 배제 (1) 처분을 행할 당시에 인식할 수 있는 제반 사정에 따를 때 집회를 진행하는 경우 제23조 제1항에서 의미하

는 직접적 위험이 특정인에 의하여 발생하는 경우, 권한 있는 행정청은 그 사람의 옥내집회에의 참가 또는 체류를 집회의 시작 전에 금지할 수 있다.

(2) [1]집회에서의 행위를 통해 제23조 제1항에서 의미하는 직접적 위험을 야기하는 자는 집회주관자가 이를 저지하지 않는다면, 권한 있는 행정청에 의해 배제될 수 있다. [2]집회에서 배제된 사람은 지체 없이 퇴거하여야 한다.

제25조 검문소 (1) [1]무기를 휴대하였거나 제8조 제2호에서 의미하는 물건의 투입이 옥내집회의 진행에 있어 제23조 제1항에 따른 위험을 야기할 것이라는 사실상의 근거가 존재하는 경우, 사람의 신체나 물건을 수색하기 위하여 집회의 진입로에 검문소를 설치할 수 있다. [2]수색은 경찰법에 따라서 행한다. [3]검문소는 수색이 신속히 실시될 수 있도록 설치되어야 한다.

(2) 신원확인 및 그 밖에 질서행정청에 의한 조치 또는 형사절차상의 조치는 검문소에서 제8조에 대한 위반이 임박하거나 형사처벌이 가능한 행위를 범할 것이라는 사실상의 근거가 존재하는 경우에만 허용된다.

제26조 촬영, 녹음 및 그 저장 (1) [1]제23조 제1항의 요건이 충족되는 경우 권한 있는 행정청은 옥내공개집회에서 또는 옥내공개집회와 관련하여 위험방지를 위한 조치가 필요하다면 특정인에 대한 촬영, 녹음 및 그 저장을 할 수 있다. [2]촬영물의 저장은 불가피하게 다른 사람이 포함되는 경우에도 행해질 수 있다. [3]촬영과 그 저장은 공개적으로 행해져야 한다.

(2) 신원이 확인되고 저장의 목적이 침해되지 않는 한, 제1항에 따른 저장의 대상자에게 그러한 조치에 관하여 지체 없이 통보하여야 한다.

(3) 촬영물은 다음 각 호의 경우에도 사용될 수 있다.

1. 제23조 제1항에서 의미하는 위험을 야기한 집회에서 또는 그 집회

와 관련하여 행해진 범죄행위에 대한 형사소추

2. 집회에서 또는 집회와 관련하여 대상자로부터 제23조 제1항에서 의미하는 위험이 발생하였고, 장래의 집회에서 그 사람에 의해 다시 제23조 제1항에서 의미하는 위험이 발생할 것이 우려되는 경우, 그 위험방지

(4) [1]촬영물은 집회 또는 시간적, 내용적으로 그것과 직접적으로 관련 있는 사건이 종료된 후에 지체 없이 폐기하여야 한다. [2]촬영물이 제3항에 열거된 목적을 위해 필요한 경우에는 그러하지 아니하다. [3]제3항의 목적을 위해 이용되는 촬영물은 그것이 권리구제나 사법절차의 대상물 또는 증거물이 아닌 한 촬영된 후 1년이 경과하면 폐기하여야 한다.

(5) 제1항에 따른 촬영, 녹음 및 그 저장, 그리고 제3항에 따른 촬영물 사용의 사유는 기록하여야 한다.

IV. 범죄행위, 질서위반행위, 몰수, 비용, 손실보상 및 손해배상

제27조 범죄행위 (1) 금지되지 않은 집회를 방해하거나 그 밖에 그 진행을 좌절시키려는 의도로 폭력을 행사하거나 협박하는 사람은 2년 이하의 징역 또는 벌금에 처한다.

(2) 제8조 제2호에 위반하여 집회에서 무기 또는 물건을 소지하는 사람은 2년 이하의 징역 또는 벌금에 처한다. 이 외에도 제8조 제2호에 위반하여 무기나 물건을 집회로 향하는 경로 또는 집회 직후에 소지하거나, 집회장소로 운반하거나 그것을 사용하기 위하여 준비하거나 배포하는 사람, 또는 무장한 질서유지인을 공개집회에 선임하는 사람도 처벌받는다.

(3) 질서유지임무를 적법하게 수행하는 집회주관자 또는 질서유지인에 대하여 폭력 또는 이에 대한 협박을 하거나, 질서유지임무를 적법

하게 행사하는 동안 이 사람들에 대하여 중대한 폭력을 행사하여 공격하는 자는 1년 이하의 징역 또는 벌금에 처한다.

제28조 질서위반행위 (1) 다음 각 호에 해당하는 사람은 질서위반행위를 한 것이다.

1. 제10조에 따라 필요한 신고 없이 또는 제10조 제2항에 따른 정보를 포함하지 않거나 본질적인 관점에서 내용이 부정확한 신고를 한 후에 옥외공개집회를 진행한 사람

2. 제12조 제2항 제1문에 따른 예정된 질서유지인의 이름, 주소를 통보하라는 요구에 응하지 아니하거나, 제12조 제2항에 따라 권한 있는 행정청에 의해 거부된 사람을 질서유지인으로 선임한 사람

3. 진행이 금지되었거나 해산명령이 내려진 집회에의 참가를 촉구한 사람

4. 중지명령에도 불구하고 집회 진입로 또는 행진이 예정된 도로를 차단하거나, 집회의 진행을 중대하게 방해하거나 곤란케 하려는 목적을 가지고 그 밖의 방법으로 집회를 방해한 사람

5. 옥외공개집회를 신고(제10조) 내용과 현저히 다르게 진행하는 집회의 주최자 또는 주관자

6. 제13조 제1항 및 제2항, 제23조 제1항 및 제2항의 요건하에서 행해진 제한, 금지 또는 해산에 위반하여 행동한 사람

7. 복면 및 보호장구금지(제17조) 또는 군사행위금지(제18조)의 집행을 위한 명령에 위반한 사람

8. 제19조에 따른 제한 또는 금지에 반하여 행동한 사람

9. 제20조 제2항에 따른 신고를 하지 아니하거나 제20조 제3항과 제5항에 따라 행해진 제한 또는 금지에 위반하여 제20조 제1항에 따른 보호구역 내에서 공개집회를 진행하거나 참가한 사람

10. 법원의 가구제 절차에서 행해진 집회권 행사 제한에 반하여 행동한 사람

11. 제14조 제1항, 제24조 제1항에 따라 이루어진 집회 참가금지 또는

체류금지 명령에도 불구하고 집회에 참여한 사람 또는 제14조 제2항, 제24조 제2항에 따른 집회로부터의 배제명령 이후에 지체 없이 그 장소를 떠나지 아니한 사람

12. 제13조, 제23조의 요건하에서 이루어진 집회의 해산에도 불구하고 지체 없이 떠나지 아니한 사람

(2) 질서위반행위는 3,000유로 이하, 제1호와 제4호의 경우에는 1,500유로 이하의 과태료가 부과될 수 있다.

제29조 몰 수 [1]제27조에 따른 범죄행위 또는 제28조에 따른 질서위반행위와 관련 있는 물건은 몰수할 수 있다. [2]형법 제74a조와 질서위반법 제23조가 적용된다.

제30조 비 용 이 법에 따른 직무행위에 대해서는 비용을 부과하지 아니한다.

제31조 손실보상 및 손해배상 [1]손실보상에 관한 일반규정들이 적용된다. [2]직무상 의무위반 등을 원인으로 하는 기타 손해배상청구권은 영향을 받지 아니한다.

V. 종결규정

제32조 기본권의 제한 집회의 자유는(기본법 제8조) 이 법률에 따라 제한된다.

법률조문 및 이유

I. 총 칙

제1조 집회의 자유

(1) 모든 사람은 신고 또는 허가 없이 평화롭게, 그리고 무기를 소지하지 않고 타인과 집회하고, 집회를 개최할 권리를 가진다.

(2) 기본법 제18조에 따라 집회의 자유를 상실한 자는 이 권리를 가지지 아니한다.[5]

▌▌▌ 입법이유 ▌▌▌

I

제1조는 기본법 제8조의 자유권인 집회의 자유에 관한 것으로 그에 대한 법률적 보장을 독일인에게 국한하고 있지 않다는 점에서 기본법상의

---

5) [역주] 독일기본법 제18조는 기본권의 실효(失效)라는 제목하에 "의사표현의 자유, 특히 신문(新聞)의 자유(제5조 제1항), 교수(教授)의 자유(제5조 제3항), 집회의 자유(제8조), 결사의 자유(제9조), 서신·우편 및 전신의 비밀(제10조), 재산권(제14조) 또는 망명권(제16조의a)을 자유민주적 기본질서에 대한 공격을 위해 남용하는 자는 이러한 기본권을 상실한다. 실효와 실효의 범위는 헌법재판소가 결정한다"고 규정하고 있다.

집회의 자유보다 보장 범위를 확장하였다.[6] 이를 통해 제1조는 유럽인
권협약(EMRK)[7] 제11조 및 유럽연합기본권헌장(EU-Grundrechtecharta) 제
12조 제1항의 요청을 충족시키고 있다. 한편 제1조는 내용의 명확성 차원
에서 이러한 권리의 보장내용이 타인과 집회를 할 권리 및 집회를 개최
할 권리에 대한 것임을 강조하고 있다. 기본법 제18조에 따라 집회의 자
유가 실효된 경우에는 그에 대한 법률상의 보장을 누릴 수 없다.

II

제1조의 규정은 내용적으로 연방집회법 제1조 제1항에 상응한다.

III

1. 연방집회법 제1조 제1항은 주최자의 권리를 우선적으로 언급하고
있다. 이에 반하여 새로운 규정은 집회를 할 권리, 즉 집회참가자로서
행동할 권리를 우선적으로 기술하고 있다. 집회를 할 권리는 집회 주최
자가 없는 경우에도 실현될 수 있기 때문이다(이하의 제4조 참고).

2. 연방집회법 제1조 제1항 제2호에서 제4호까지의 규정[8]들은 별도로
규정할 필요성이 없기 때문에 모범초안에서는 수용하지 않았으며, 따라
서 지금까지 이들 조항이 규정하고 있던 제한들은 ―예컨대 니더작센주

---

6) [역주] 독일 기본법 제8조 제1항은 "'모든 독일인'은 신고나 허가 없이 평화적으로 무기
　를 소지하지 않고 집회를 할 권리를 갖는다"고 규정하여 독일국민에 한하여 집회의 자
　유를 보장하고 있음과 비교하면, 초안 제1조가 집회의 자유를 광범위하게 보장하고 있
　음을 알 수 있다.
7) [역주] 유럽인권협약의 정식명칭은 「인권과 기본권보호를 위한 유럽협약」(Konvention
　zum Schutz der Menschenrechte und Grundfreiheiten)이다.
8) [역주] 연방집회법 제1조: 다음 각 호에 열거된 자들은 집회의 자유를 갖지 못한다.
　1. 기본법 제18조에 따라 집회의 자유를 박탈당한 자
　2. 집회를 진행하거나 집회에 참가함으로써 기본법 제21조 제2항에 따라 헌법재판소
　에 의해 위헌결정을 받은 정당 또는 그 정당의 부분조직 내지 대체조직의 목적을 달성
　하고자 하는 자
　3. 기본법 제21조 제2항에 따라 헌법재판소에 의해 위헌결정을 받은 정당
　4. 기본법 제9조 제2항에 따라 금지된 결사

집회법의 입법이유에서 제시된 견해와 같이(Nds. LT, Drs. 16/2075, S. 20 참조)— 더 이상 고려할 필요가 없다. 이러한 사안들은 제13조 또는 제23조에 따른 제한이나 금지를 통하여 적절히 대처할 수 있다.

a) "위헌결정을 받은 정당의 목적을 집회를 통하여 달성하고자 하는 자는 집회의 자유를 누릴 수 없다"라는 연방집회법 제1조 제2항 제2호에 상응하는 구성요건적 대안은 포기하였다. 만약 그러한 규정이 옥내집회에 대해서도 적용된다면 그것만으로도 헌법적 의문이 존재한다. 왜냐하면 옥내집회에 대해서는 기본법 제8조 제2항의 제한유보(Schrankenvorbehalt)[9]가 적용되지 않고 단지 헌법 내재적 한계만이 고려되기 때문이다. 또한 기본법 제8조 제1항을 고려할 때 이러한 규정은 옥외집회에 대해서도 인정되기 어렵다(A. Dietel/K. Gintzel/M. Kniesel, Versammlungsgesetz, 15. Aufl., 2008, § 1 Rn. 147 ff. 참조). 정당에 대한 위헌결정이 있었다 하더라도 —그 정당의 명의로, 그리고 그 이익을 위하여 위헌결정을 받은 정당의 목적을 지원하는 경우가 아니라면— 해당 정당과의 조직적 관련 없이 그 내용적인 목적을 추구하는 것 자체가 금지되는 것은 아니기 때문이다(BVerfGE 2, 1 [74]; 5, 85 [392]; 25, 44 [56 f.] 참조; 결사금지에 있어 기관관련성의 요건에 대해서는 BVerfG [K], 1 BvR 605/04 v. 26. 9. 2006, Rn. 51). 나아가 연방헌법재판소가 집회의 자유가 상실되었음을 선언하지 않은 한, 그 사람에 대하여 기본법 제8조상의 집회의 자유를 일반적으로 박탈하는 것 또한 헌법적으로 의문시된다(BVerfGE 10, 118 [123 f.] 참조).

정당법(PartG) 제33조 및 결사법(VereinsG) 제8조에 따른 정당 및 결사금지는 대체조직(Ersatzorganisation) 또한 그 대상으로 한다. 그러나 이들 규정에 따르면 정당 및 결사금지를 위해서는 법치국가적인 명확성 차원에서 연방헌법재판소의 확인 또는 결사금지를 명할 권한을 가진 행정청의 처분을 필요로 한다. 정당법이나 결사법의 요구사항과 다른 특

---

9) [역주] 독일기본법 제8조 제2항에 따르면 옥외집회는 법률에 의하여 또는 법률에 근거하여서만 제한될 수 있는바, 이를 제한유보라고 한다.

별 규정을 집회법에 별도로 마련할 이유는 존재하지 않는다.

b) 연방집회법 제1조 제2항 제3호와 제4호 역시 불필요하다. 위헌결정을 받은 정당과 금지된 결사는 이미 해산된 것이며, 따라서 그들에게는 그 존립을 위해 필요한 법적 승인이 결여되어 있다. 그러므로 그들은 더 이상 헌법적으로나 법률적으로 권리와 의무의 주체가 될 수 없다.

제2조 공개집회의 개념

(1) ¹이 법에서의 집회란 공동의, 공적인 의사형성에의 참여를 위한 토론 또는 의사표현을 주된 목적으로 하는 적어도 2인 이상의 장소적 회합을 말한다. ²행진이란 움직이는 집회를 말한다.

(2) 공개집회란 그에 대한 참가가 개별적으로 특정된 인적 범위에 한정되어 있지 않거나, 집회장소 주위에 있는 공중에 대한 의사표현을 목적으로 하는 집회를 말한다.

(3) 특별한 규정이 없는 한 이 법은 공개집회 및 비공개집회 모두에 적용된다.

‖‖‖ 입법이유 ‖‖‖

I

본 규정은 현행법을 보완하는 차원에서 집회법의 중요한 개념에 대해 법적 정의를 하고 있다. 집회의 개념과 관련하여 본 규정은 ─근래에 제정된 연방 각 주의 집회법 규정 및 법률안들과 같이─ 연방헌법재판소의 판례를 따르고 있다.

마찬가지로 행진(Aufzug)의 개념도 정의하고 있는바, 이를 통하여 행진이 집회의 하위유형(Unterform)이라는 점을 명확히 하고 있다. 따라서 집회에 대해서 규정하고 있는 조항들은 동시에 행진에 대해서도 적용된다는 점을 명확히 밝히고 있다.

나아가 제2항에서는 공개집회의 개념을 규정하고 있다. 이때 공개집회인지 여부에 대한 판단은 인적 범위의 공개성뿐만 아니라, 폐쇄된 인적 범위라 하더라도 공중이 의사표현의 내용을 인지하는 것을 목적으로 하는지도 기준으로 한다.

반면 기본법 제8조 제2항에서 사용된 "옥외(unter freiem Himmel)"라는 개념에 대한 정의는 별도로 하지 않았다. 물론 '옥외'라는 범주는 법률의 체계에 있어 중요하다. 제2장은 옥외집회에만 적용되고, 제3장은 옥내집회에만 적용된다. 이에 반하여 다른 장들은 모든 유형의 집회에 적용된다. 그럼에도 불구하고 ─일반적인 견해에 따를 때 적절한 용어는 아니지만─ 옥외집회라는 개념에 대한 법률적 정의는 하지 않았다. 새로이 제정된 각주의 집회법 규정이나 법률안 또한 옥외집회의 개념에 대한 정의를 별도로 하지 않고 있다. 공적 교통장소(öffentliche Verkehrsfläche) 영역에서의 변화 등을 고려하여 '옥외집회'의 개념을 지속적으로 형성해 나가는 것이 판례의 임무인데, 만약 법률적 정의를 한다면 옥외집회의 개념을 판례를 통하여 한층 구체화시키는 것을 곤란하게 만들 수 있기 때문이다.

제3항은 명시적으로 달리 규정하지 않는 한 이 법률이 공개집회와 비공개집회 모두에게 적용된다는 점을 분명히 하고 있다. 이 법률은 모든 유형의 집회에 대하여 적용된다. 다만 잠재적 위험성이 낮은 비공개집회에 대해서는 공개집회에 대해 적용되는 규정들 중에서 핵심적 내용만이 적용될 수 있다는 사실을 선언하는 것만으로도 충분하다. 집회법에 이러한 규정을 둠으로써 법률이 공개집회에 제공하는 특별한 보호를 비공개집회도 함께 누릴 수 있게 된다. 특히 비공개집회에 대한 개입에 있어서도 법률이 옥내집회와 옥외집회에 대해 단계적으로 규정하고 있는 특수한 개입기준(Eingriffsschwelle)[10]이 적용된다. 입법기술적으로 이하의 규정들은 공개집회에 대해서만 적용되는 경우에만 이를 명시적으로 밝히고 있다.

---

10) [역주] 언제까지는 경찰이 집회에 개입할 수 없고, 언제부터는 경찰이 집회에 개입할 수 있는지는 상당히 어려운 문제로서 일률적으로 획정하기 어려운 면이 있는 것은 사실이다. 다만 이론적으로는 집회의 진행상황이 경찰이 개입하기 위한 어떤 지점(문턱)을 넘어서는 경우 경찰이 집회에 개입할 수 있게 되는바, 그 지점을 Eingriffsschwelle 라고 한다.

II

제1항은 연방헌법재판소 판례에서 사용되어 왔던 집회의 개념을 받아들인 것으로서(BVerfGE 104, 92 [104]; 111, 147 [154 f.] 참조), 이러한 개념은 연방 각 주의 새로운 집회법 및 법률안에서도 사용되고 있다(예를 들면 Art. 2 BayVersG; § 2 Abs. 1 VersG-E-BL; § 2 Abs. 2 NVersG-E; § 2 Abs. 1 LVersG-E BW).

여러 법률안에서 집회의 '공개성'에 대해 다양하게 정의하고 있는바, 세부적인 표현에서는 제2항에서의 정의와 일치하지는 않는다. 그러나 본 초안이 선택한 개념요소는 공개집회에 대한 가장 정확한 규정을 가능하게 한다. 비록 그 내용이 폐쇄된 인적 범위 내에서 표현되었다고 하더라도 불특정한 인적 범위가 그 내용을 인지하는 것을 목적으로 한다면, 그러한 집회 또한 공개성을 가진다는 것은 명백하다. 폐쇄된 인적 범위 내에서의 집회를 확성기나 영상을 통하여 집회 주변지역에 중계하는 경우가 그러한 예에 해당한다.

III

1. 제1항에 따르면 집회는 다수인이 공동의, 그리고 공적인 의사형성에의 참여를 주된 목적으로 토론이나 의사표현을 위해 회합할 것을 요건으로 한다(BVerfGE 104, 92 [104]; 111, 147 [154 f.] 참조). 비언어적인 표현방법 또한 보호를 받는다(BVerfGE 69, 315 [343]; 87, 399 [406] 참조). 이때 공적인 의사형성에 대한 참여가 주된 목적이어야 하며, 그것이 단순한 부수적인 행위일 경우에는 집회의 요건을 충족하지 못한다(BVerfG [K], 1 BvQ 23/01 v. 18. 7. 2001, NJW 2001, 2459 [2460 f.] 참조). 이는 제1항이 "주된"이라는 단어를 사용하고 있는 것을 통하여 명확해진다. 이때 집회의 전체적인 형상(Gesamtbild)이 중요한 판단기준이 된다. 예컨대 스포츠 행사, 주민축제, 오락을 주된 목적으로 하는 회합('단순한 대중오락'에 대해서는 BVerfGE 69, 315 [342 f.] 참조), 예배 등의 경우처럼 행사의 중점(Schwerpunkt)이 공동의 의사표현이나 토론이 아니라면 그것은 집회가 아니다. 그러나 이러한 행사들은 다른 규정에 의해서 —예를 들면 기본

법 제2조 제1항이나 제4항— 기본권적으로 보호되며, 특별규정이 없는 한 일반규정이 적용된다[예를 들면 특별점용허가(Sondernutzungserlaubnis), 도로교통 및 안전의무 관련 규정 등]. 만약 어떤 토론이나 의사표현이 공적인 의사형성을 주된 목적으로 하는지 여부가 의문스러운 경우에는, 집회의 자유가 갖는 고차원적 지위를 고려하여 집회로 취급하여야 한다(BVerfG [K], 1 BvQ 23/01 v. 18. 7. 2001, NJW 2001, 2459 [2461]). 다만 이러한 해석은 법률에 명시적으로 규정할 필요는 없다.

제1항은 2인에 불과한 집회라 하더라도 이 법률의 적용영역에 해당하기 때문에 그 보호를 요청할 수 있고, 제10조에 따른 신고의무 등 의무 또한 부담하게 된다는 점을 명확히 하고 있다. 소규모 집회 —예를 들면 2인이 책상을 쌓아 놓는 것 또는 논쟁이 되는 주제에 대한 침묵시위— 의 경우에도 잠재적 위험성(Gefahrenpotenzial)을 가질 수 있으며, 따라서 이러한 집회에 대해서도 집회법에 근거한 대책이 필요하다. 그러나 — 예컨대 공원 잔디밭에서 이루어지는 친구들 사이의 정치적 주제에 대한 토론과 같이— 집회가 공개되지 않은 경우에는 신고의무 등 공개집회와 관련된 집회법상의 의무들은 적용되지 않는다.

장소적 관련성(örtlichen Bezug)을 가진 다수인의 회합만이 집회법상의 집회에 해당하며, 채팅방과 같은 인터넷에서의 가상 회합(virtuelle Zusammenkünfte)은 집회의 개념에 속하지 않는다.

2. 제1항 제2문에서의 행진에 관한 정의는 판례와 학설에서의 전통적 견해에 부합한다. 행진은 집회의 하위개념이며, 따라서 집회와 관련된 이 법의 규정들은 행진에 대해서도 항상 적용된다.

3. 집회법은 기본적으로 동법 제1조에서 규정하고 있는 모든 공개/비공개집회에 대하여 적용된다. 그러나 세부적으로는 옥내집회와 옥외집회 간에 차이가 있을 뿐만 아니라, 공개집회와 비공개집회 간에도 차이가 존재한다. 만약 집회법상의 특정한 규정이 공개집회에 대해서만 적용된다면, 집회의 '공개성'에 대한 법률적 정의가 필요하다. 만약 참가자의 범위에 특별한 제한이 없다면 그 집회는 의심할 여지없이 공개집회

에 해당한다. 그러나 회합 자체에는 폐쇄적 인적 범위만이 참가한다 하더라도 일반 공중을 대상으로 하는 연설(Kundgabe)을 통해 공개적으로 작용한다면, 공개집회라고 봄이 바람직하다.

4. 비공개집회는 옥내뿐만 아니라 옥외에서도 개최될 수 있다. 그러나 옥외집회의 경우 집회가 공중과 격리되어 있는 경우에만 집회의 비공개성(非公開性)이 인정될 수 있다. 사유지에서의 집회의 경우 초청받지 않은 사람은 집회장소에의 출입이 거절된다는 사실 자체만으로 비공개성이 인정된다. 공로(公路, öffentliche Straße)나 광장에서의 집회의 경우에는 적당한 조치를 통해 공중과의 경계가 획정(Abgrenzung)된 경우에만 비공개집회라고 할 수 있다. 따라서 정치적 단체의 지도부는 그들의 회의에 제3자를 참여시키지 않고, 제3자를 대상으로도 하지 않는 경우에는 공원에서도 비공개집회를 하는 것이 가능하다. 다만 확성기나 영상전송을 통하여 장소적으로 격리되어 있는 공중을 그들의 의사형성과정에 끌어들인다면 그 집회는 공개적이다. 특정 단체가 그 회원만을 공로상에서의 행진에 초대하였지만 그 목적이 공중에 대한 의사표시를 위한 것이라면, 행진에 대한 적극적인 참여가 회원에게만 제한되어 있다 할지라도 공개집회이다.

집회가 공개적이라면 주최자가 제22조에 따라 특정인 또는 특정한 인적 범위를 옥내집회에의 참가를 배제할 수 있는 권리를 행사하였다 하더라도 공개집회로서의 성격에는 아무런 변화가 없다. 이 법률은 공개집회뿐만 아니라 비공개집회에 대해서도 적용된다. 이 법률이 공개집회에 대해서만 적용된다고 명확하게 규정하고 있는 경우에 한하여 해당 규정이 비공개집회에 적용되지 않는바, 제3조 제2항과 제3항, 제4조, 제10조, 제11조, 제12조, 제15조, 제16조, 제20조, 제21조, 제22조, 제23조 제3항, 제25조, 제26조 및 형벌 및 질서위반행위에 대한 제재와 관련된 규정들이 이에 해당한다. 비공개집회에 대해서는 원칙적으로 집회의 평화성 확보와 관련된 규정들과 각각의 침해의 정도에 따른 제한, 금지, 해산에 대한 규정들이 적용될 수 있다.

제3조 보호임무와 협력

(1) 권한 있는 행정청은 다음 각 호를 그의 임무로 한다.

1. 이 법이 정하는 바에 따라 허용되는 집회의 진행 지원

2. 집회 진행의 방해로부터의 보호, 그리고

집회로부터 또는 집회와 관련하여 제3자로부터 발생하는 공공의 안녕에 대한 위험 방지

(2) ¹집회의 형태 및 규모에 따라 필요한 경우 권한 있는 행정청은 집회의 질서 있는 진행과 관련 있는 위험상황 및 기타 사정에 대한 논의를 위해 공개집회의 주최자나 주관자에게 협력대화(Kooperationsgespäch)를 적시에 제안할 수 있다. ²제13조 제1항, 제23조 제1항에 따른 금지나 제한을 가능하게 하는 위험이 존재한다고 판단할 근거가 있는 경우에는 보완 진술(ergänzende Angabe)이나 예정된 집회의 변경을 통하여 금지나 제한이 필요 없도록 할 수 있는 기회를 주어야 한다.

(3) 협력 차원에서 권한 있는 행정청은 집회의 형태 및 규모에 따라 필요한 경우 집회 시작 전이나 진행 중 이루어지는 위험상황의 중대한 변화에 대하여 공개집회의 주최자나 주관자에게 통보하여야 한다.

▌▌▌ 입법이유 ▌▌▌

I

1. 제3조는 조문의 전반부에서 법률의 해석과 적용에 있어 중요한 원칙들을 의도적으로 규정하고 있다. 동조는 기본법 제8조로부터 도출되는 국가의 보호 및 보장임무를 강조하고 있다. 집회법은 '자유를 가능하게 하는 법(Freiheitsermöglichungsrecht)'으로 형성되어야 하는바, 동조 제1항은 집회법의 가장 중요한 임무영역을 명시함으로써 이러한 점을 강조하고 있다. 이하의 규정들은 이러한 임무를 달성하기 위한 권한에 대한 것이다.

2. 연방헌법재판소가 브록도르프 결정(Brokdorf Beschluss: BVerfGE 69, 315 [354 ff.])에서 최초로 강조한 협력의무는 보호 및 보장임무 수행에 기여하며, 이러한 협력은 공개집회에 관한 제2항 및 제3항의 규정을 통하

여 법률상 절차에 관한 내용을 갖추게 되었다. 그러나 이러한 규정으로 인하여 집회의 주최자와 권한 있는 행정청이 비공개집회의 개최에 대해서도 상호 협력하는 것이 배제되는 것은 아니다. 단지 그러한 사항에 관하여는 법률로 규율할 필요성이 없을 뿐이다.

II

권한 있는 행정청과 주최자의 협력은 최근의 법률이나 법률안들에도 (경우에 따라서는 옥외집회에 대해서만) 규정되어 있으나, 기본원칙으로서의 보호임무와 연계하여 규범의 필수적인 부분으로서 규정된 것은 아니다(예를 들어 Art. 14 BayVersG, § 16 LVersG-E BW, § 14 VersG-E-BL, § 14 VersG-E-GdP 참조). 또한 협력에 관한 규정은 권한 있는 행정청에 대해서는 협력할 의사가 있는 주최자와 상의하고, 위험상황에 대한 행정청의 평가를 알려줄 법적 의무가 있음을 규정할 수 있지만, 주최자에 대해서는 그러한 법적 의무를 규정할 수 없다는 사실이 항상 고려되고 있는 것은 아니다(그러나 Art. 14 Abs. 1 Satz 2 BayVersG[11])는 다행히도 주최자에게 그러한 법적 의무가 없음을 규정하고 있다). 다만 주최자가 위험상황이나 집회 진행방법의 대안에 대하여 논의할 준비가 되어 있지 않다면 일정한 법적 효과가 따를 수 있다. 즉 권한 있는 행정청이 위험상황에 대한 주최자의 생각을 충분히 이해하였거나, 금지나 제한에 비해 집회 관련자 입장에서 선호할 만한 대안을 고려할 수 있었다면 불필요했을 제한이나 금지 등의 조치가 이루어질 수도 있다.

III

1. 제1항에 규정되어 있는 보호임무는 한편으로는 집회 진행을 가능하게 하고, 다른 한편으로는 위험을 방지하는 것을 목적으로 하는 세 가

---

11) [역주] 바이에른주 집회법(BayVerG) 제14조 제1항의 내용은 다음과 같다: ¹권한 있는 행정청은 주최자에게 집회의 진행에 관한 상세한 내용을 권한 있는 행정청과 논의할 기회를 부여하여야 한다. ²주최자에게 협력의 의무가 부과되는 것은 아니다.

지 핵심요소를 포함하고 있다:

a) 제1호는 집회에 자유로이 참가할 수 있게 하고, 행진의 경우 다른 교통관여자들을 우회시키고, 어떻게 하면 마찰 없이 원활하게 집회를 진행할 수 있을지에 대해 조언 등을 함으로써 집회의 진행을 지원하는 것이 국가의 임무라는 점을 강조하고 있다.

b) 집회의 자유의 행사는 경우에 따라 관할 국가권력주체에 의한 보호를 필요로 한다. 특히 제3자가 집회의 자유를 행사하는 것을 위협하거나 불가능하게 하는 상황이 그러하다(제2호).

c) 집회의 진행이 공공의 안녕[12])에 대한 위험을 야기할 수 있기 때문에 그를 방지하는 것 또한 국가의 임무임에 틀림없다. 집회의 자유를 행사하는 것이 법적으로 보호받는 다른 이익과 충돌하는 경우, 그러한 이익을 보호하는 것 또한 국가의 임무에 해당한다. 그러한 한도 내에서 관련된 여러 이익들의 헌법적 지위를 고려하여 그 효력을 유지할 수 있도록 이익형량을 할 필요가 있다(실제적 조화의 실현).

2. 제2항은 연방헌법재판소에 의해 주창되고, 학계와 실무에서도 받아들여지고 있는 협력의무를 구체화하고 있다(BVerfGE 69, 315 [354 ff.]; BVerfG [K], 1 BvQ 8/01 v. 26. 1. 2001, NJW 2001, 1407 [1408]). 권한 있는 행정청은 협력의 필요가 있는 경우 집회의 질서 있는 진행에 있어 중요한 위험상황 및 기타 사정에 대해 집회주최자, 경우에 따라서는 주관자와 논의를 할 의무를 지고 있다. 이러한 논의의무(Erörterungspflicht)는 —부담적 행정행위에 대해서만 적용되고, 당사자에게 사전에 진술기회를 부여하는 것만으로도 충분한— 행정절차법 제28조 제1항에 규정된 청문 의무를 넘어서는 것이다. 제2항에 규정되어 있는 논의는 특정한 조치가 위험방지를 위해 필요한 것인지 여부가 불확실한 경우에도 이루어져야 한다. 그것은 법적 청문의 보장에서 한걸음 더 나아간 것이며, 특히 위험을 완화하고 기타 집회의 진행을 원활하게 할 수 있는 방법을 공동으로

---

12) [역주] 여기서 공공의 안녕이란 개인의 생명·건강·명예·자유·재산 및 국가와 그의 제도의 존속과 기능이 아무런 장해도 받고 있지 않은 상태를 의미한다.

탐색하는 것을 포함한다. 그러한 논의의 필요성이 존재하는지 여부는 사실상의 사정, 특히 공공의 안녕에 대한 위험의 존재를 인정할 수 있는 근거를 기준으로 판단한다. 사전 논의의 근거가 되는 위험상황이 발생할 가능성에 대해 판단함에 있어 논란이 되는 집회의 목적이나 동기, 또는 집회의 규모 등이 중요한 기준이 될 수 있으며, 선정된 장소 또는 예정된 시기 등도 그 기준이 될 수 있다. 옥내집회에서의 협력 필요성은 집회장소에의 접근을 참가자에게 보장하거나 제3자에 의한 방해를 방지하기 위한 경우 등에만 예외적으로 인정될 수 있다.

제2항은 집회의 주최자 또는 주관자들과의 논의를 위하여 행정청이 노력하는 것 또한 보호임무의 일부라는 점을 강조하고 있다. 권한 있는 행정청은 위험이 존재한다고 판단할 단서를 확인하였다면 협력대화(Kooperationsgespräch)에서 이에 대해 설명하여야 한다. 또한 권한 있는 행정청이 위험방지를 위하여 집회에 대한 제한조치를 계획하고 있는지, 그리고 그것이 어떠한 것인지도 공개하여야 한다.

그러나 권한 있는 행정청이 관계인에게 협력을 강요해서는 안 된다. 따라서 관계인을 협력대화에 초청하고, 집회 책임자 측이 협력할 준비가 되어 있는 경우에 한하여 협력대화를 진행하여야 한다는 행정청의 의무만을 규정하였다. 협력대화의 목적은 위험상황에 대한 의견교환을 가능하게 하고, 이를 통해 권한 있는 행정청이 가정하고 있는 위험상황이 실제 존재하는지 여부를 밝히는 것에 있다. 경우에 따라서는 집회 진행 방식의 변경을 통하여 집회의 금지나 제한을 하지 않을 수 있는지에 대해서도 확인하여야 한다. 이와 관련하여 권한 있는 행정청은 집회 장소의 변경, 집회 개최 시간이나 진행 시간의 변경 또는 행진 경로의 변경 등에 관한 조언을 할 수 있으며, 주최자 측에서도 마찬가지로 이러한 제안을 할 수 있다. 만약 집회주최자 측의 변경된 제안을 통하여 제한조치가 불필요할 정도로 위험상황이 완화될 수 있다면, 기본권적으로 보호되는 집회의 자율성 관점에서 주최자의 제안이 행정청의 제안에 비해 우위를 가진다.

비록 집회의 주최자나 주관자가 협력의무를 부담하지 않는다 하더라도 협력을 하는 것이 그들과 집회에 유리하게 작용할 수 있다. 즉, 협력을 통하여 위험요소를 제거함으로써 행정청이 공공의 안녕에 대한 위해를 이유로 개입할 근거를 완전히 제거할 수 있거나, 금지가 아닌 제한만으로도 위험방지가 충분하다는 사실이 밝혀질 수도 있다. 그러나 협력을 행할 준비가 부족하다는 것 자체가 제재의 근거가 되어서는 안 된다. 즉 제한처분을 할 것인지, 아니면 금지를 할 것인지 여부는 전적으로 위험상황을 기준으로 결정하여야 한다.

3. 집회 개최가 임박하였거나 집회가 진행 중인 경우에도 행정청의 보호임무는 계속 된다. 제3항은 —집회의 형태나 규모를 고려할 때 의미 있다고 판단되는 경우— 행정청이 집회의 주최자나 주관자에게 위험상황의 변화에 대해 고지할 임무를 규정함으로써 이러한 내용을 보완적으로 고려하고 있는바, 이는 추가적인 협력대화를 통해 해결책을 찾거나 집회 개최 후에 주관자가 주관권(Leitungsgewalt)의 행사를 통해 위험방지에 영향을 미칠 수 있도록 한다. 또한 집회주관자가 행정청의 위험평가에 변경을 가져다줄 수 있는 상황들을 알려준다면, 이는 협력적 공동작업이라는 기본사상에 부합하며 행정청의 제한조치를 피하고자 하는 집회주관자의 이익과도 원칙적으로 부합한다. 그러나 이러한 고지를 행할 집회주관자의 법적 의무는 존재하지 않는다. 또한 주관자가 집회 주관임무로 인하여 행정청에 대한 정보제공 임무를 동시에 수행할 여력이 없다면 이러한 사정도 마땅히 존중되어야 한다. 다만 주관자가 위험상황의 변경에 대하여 행정청에 고지하는 것을 간과할 경우, 주관자는 위험상황에 대한 자신의 평가가 행정청이 조치를 취함에 있어 고려되지 않을 수도 있다는 위험을 부담하게 된다.

4. 만약 집회가 주최자나 주관자 없이 개최될 경우(제4조, 제5조 참고), 제3조 제2항에서 규정된 협력대화나 제3조 제3항에서 규정된 고지를 할 대상이 없게 된다. 그럼에도 불구하고 —집회의 진행을 가능하게 하거나 위험을 보다 용이하게 방지할 수 있다면— 행정청이 주최자나 주관

자가 아닌 다른 사람과 위험상황에 대하여 정보를 교환하는 것이 배제되는 것은 아니다.

제4조 집회의 주최

[1]집회주최자란 집회에 초청하거나 제10조 또는 제20조에 따라 집회를 신고하는 자를 말한다. [2]공개집회에의 초청에는 성명을 명시하여야 한다.

▌▌▌입법이유▌▌▌

I

제4조는 집회주최자의 개념을 규정하고 있는바, 그 이유는 모범초안의 다수 규정들이 명시적으로 집회주최자라는 개념과 관련되어 있기 때문이다.

II

주최자의 개념은 지금까지 연방집회법에 정의되어 있지 않았다. 그럼에도 불구하고 연방집회법은 주최자의 개념을 당연히 전제하고 있었다. 주최자 개념의 세부적인 내용은 오히려 주최자의 권리나 의무로부터 간접적으로 도출되었다(특히 주최자의 특성과 공개적 초청에 관한 연방집회법 제2조 제1항; 나아가서 동법 제5조 제1호 내지 제4호, 제7조 제2항과 제3항, 제13조 제1항 제1호, 제14조, 제26조, 제29조 제1항 제7호 참조). 예컨대 「연방의 각 주들을 위한 조언의 근거로서의 연방 내무부 입법초안(VersG-E-Bl)」과 같은 다른 입법초안들 또한 주최자의 개념을 구체화하지 않았다(동 초안 제3조 제2항 제1문과 제3문, 제9조 제1항, 제11조 제1항 제1호 내지 제4호와 제2항 제1호, 제13조 제1항 내지 제2항 및 제5항, 제14조). 이에 비해 제4조는 집회주최자의 특성을 구체적으로 규정하고 있는데, 많은 조항들이 이러한 특성과 직접적으로 연관되어 있고, 이를 통해 규정의 명확성(Regelungsklarheit)을 제공할 수 있을 것으로 생각되기 때문이다.

III

　기본적으로 주최자의 개념은 특정인이 (특정 또는 불특정) 인적 범위를 집회에 초청하는 것, 즉 주최자에 의해 계획된 —공개 또는 비공개— 집회에 참가할 것을 요청하는 것, 그리고 참가자가 집회를 자신의 것으로 이해할 정도로 집회의 목적과 자신을 일치시키는 것과 관련된다. 그러나 제3자가 개최하는 집회에 대한 극히 일반적인 참가요청만으로는 초청이 있었다고 할 수 없다. 초청의 의미를 갖는 참가요청은 소규모 집단에서 개인에 의해 즉흥적으로도 이루어질 수 있다. 제4조는 집회의 공개성이나 초청의 공개성과 관련되는 것이 아니라, 넓은 의미에서의 주최자 개념에 관한 것이다. 이와 관련된 권리 또는 의무에 의한 제한은 주최자의 개념을 통해서가 아니라, 각각의 특수한 규정들에 의해 이루어진다. 따라서 전통적인 의미에서의 주최자 없이 형성되고 행해지는 집회가 제4조에 의하여 배제되는 것은 아닌데, 왜냐하면 그러한 집회 또한 기본법 제8조의 보호범위에 포함되기 때문이다.

　옥외집회에서의 주최자의 의무는 초청에 앞서 행정청에 대한 신고의무의 형태로 시작된다. 따라서 제4조는 주최자의 개념을 초청자를 넘어 옥외공개집회에의 초청을 위하여 사전에 제10조에 따른 신고를 이미 하였거나, 제20조에 따른 집회를 신고한 자들에 대해서까지 확대하였다.

　한편 여러 사람이 병렬적으로 그리고 동시에 신고하거나 초청함으로써, 다수의 신고자 또는 초청자가 있을 수 있다. 다른 한편으로는 자신은 주최자가 되지 않으면서도 집회에의 참가를 추가적으로 촉구하는 집단이나 사람이 있을 수도 있다. 다수의 주최자가 병렬적으로 존재하는 경우, 그들이 공동대표자에 관하여 합의하지 않았다면 모두가 관할 행정청의 대화 상대자이다. 이와 관련하여 문제가 될 수 있는 상황들을 사전에 모두 규정할 수는 없다. 다수인이 타인의 집회 참가를 단순히 촉구하고,[13] 집회 참가요청을 받은 사람이 집회를 신고하거나 집회에의 초청 없이 집회가 사실상 진행된다고 하여 이들이 —이러한 부당한 협력을 통하여— 주최자로서의 의무에서 벗어날 수는 없으며, 이들 모두는 책임 있는 주최자로 간주된다(경우에 따라서는 제28조 제1항 제1호, 제5호 또는 제9호에 따라 처벌하여야 한다).

주최 활동이 초청에 앞서 행해지는 경우에는 준비나 조직, 장소 섭외, 발언자 섭외, 도착 계획 등을 수립하는 것과 함께 시작되며, 따라서 집단형성에 관한 단순히 경미한 수준 이상의 모든 조직적인 준비를 '주최'라고 보는 견해가 종종 제기되어 왔던바(BayObLG, NJW 1979, 1895 [1896] 참조), 여기서 제안하는 개념은 그보다는 좁다. 따라서 형식적으로 명확한 경계를 설정하기 위하여 제4조는 주최의 개념을 초청 및 신고와 결부시켰는데, 왜냐하면 집회에의 초청이나 신고에 앞서 행해지는 사전활동은 형식적으로 명확한 경계설정을 어렵게 하기 때문이다. 그렇다 하여 본 규정이 집회 초청이나 신고 전에 이루어지는 사전 준비활동을 기본법 제8조의 보호범위에서 배제하는 것은 아니다(§ 9 und O. Depenheuer, in: T. Maunz/G. Dürig, GG, 53. Aufl., 2009, Art. 8 [Bearb. 2006] Rn. 75; M.-E. Geis, Die Polizei 1993, S. 293 ff. 참조).

제4조 제2문은 현재도 규정되어 있는 주최자 성명 기재 의무를 그대로 유지하고 있다(연방집회법 제2조 제1항). 이 의무는 민주적 공개성이 정상적으로 기능하기 위한 전제조건으로서의 최소한의 투명성에 기초한 것으로서, 집회를 통해 공적 의사형성과정에 적극적 또는 소극적으로 참여하는 사람의 시민적 권리에 상응하는 규정이다.

제5조 집회의 주관

(1) [1]집회를 주최하는 자는 그 집회를 주관한다. [2]다수인이 집회를 주최하는 경우에는 이들이 집회주관자를 정한다. [3]단체가 집회를 주최하는 경우

---

13) [역주] 여기서 '단순히'라는 표현이 쓰이고 있는 것은 (그들이 생각하기에는) 자신들의 집회에의 참가요청이 주최자의 개념을 충족하는 '초청'에 이르지 아니한다는 점을 강조하기 위한 것으로 생각된다.

그 단체를 대표하는 자가 집회를 주관한다.
(2) 집회의 주관권은 위임할 수 있다.
(3) 집회를 주최하는 자가 없는 경우 집회가 주관자를 지정할 수 있다.
(4) 집회의 주관에 관한 이 법의 규정들은 집회주관자가 정해져 있는 경우
에 한하여 비공개집회에도 적용된다.

||| 입법이유 |||

I

모범초안 제5조는 기본법 제8조의 발현으로서의 집회주관이라는 관점에서 주최자의 법적 지위에 대해 규정하고 있다. 모범초안은 우선적으로 —옥내 또는 옥외를 막론하고— 모든 공개집회는 기본적으로 그 질서를 자체적으로 조직하여야 한다는 사실에 근거하고 있으며(A. Dietel/K. Gintzel/M. Kniesel, Versammlungsgesetz, 15. Aufl., 2008, § 1 Rn. 234 참조), 따라서 기본적으로 (만약 주최자가 존재하는 경우) 주최자는 기본권주체로서 그에 상응하는 책임을 진다. 주최자는 조직의 자유(Organisationsfreiheit)에 근거하여 집회의 주관권을 타인에게 위임할 수 있다.

II

제5조는 부분적으로는 —모든 집회에 대해 일반적으로 적용되지만, 예외규정을 통해 보완되도록 하고 있는— 지금까지의 연방법과 유사하다(연방집회법 제7조). 집회의 주관(연방집회법 제7조 제1항 이하, 제18조 제1항 참조)에 관한 규정은 주최자가 있는 집회에 대해서는 그대로 유지되었다. 그러나 기본법 제8조 제1항에 따른 집회의 형성 및 유형의 자유(Gestalungs- und Typenfreiheit)의 범위 내에서 인정되는, 스스로 조직(Selbstorganisation)되는 집회라는 새로운 유형의 집회와 관련해서는(W. Höfling, in: M. Sachs [Hrsg.], GG, 5. Aufl., 2009, Art. 8 Rn. 17; H. Brenneisen/ M. Wilksen, Versammlungsrecht, 3. Aufl., 2007, S. 79 ff. 참조) 주관자가 정해져 있지 않고 주최자도 없는 집회가 가능하다고 간주되어 왔으며, 법적으로

도 인정되었다는 점에서 모범초안의 규정은 새로운 것이다(제5조 제3항). 이처럼 주최자 없는 집회를 인정한다는 점에서 제5조 제3항은 연방-주 집회법 초안(VersG-E-BL) 제3조 제1항과도 구별된다. 이러한 한도 내에서 본 조항은 집회의 주체와 진행방식이 (시대에 따라) 변화한다는 헌법재판소의 인식을 따르고 있다: "(주로 환경보호나 평화보장과 관련된 주제에 있어) 다수의 개별그룹과 단체가 조직적인 결속 없이, 그리고 부분적으로는 상이한 목적을 추구하면서도 동일한 계기로 활동하고, 공동의 집회행사를 계획하고, 논의하고, 조직한다. 이 경우에는 모든 참가자가 준비나 진행에 있어 기본적으로 대등한 권한을 가지고 있기 때문에 일반적인 상황에서는 전혀 문제가 되지 않는 주최자나 주관자라는 개념이 더 이상 적절하지 않게 되는 경우가 발생한다. … 이러한 변화로부터 결론을 이끌어내고, 집회법 규정을 계속하여 발전시켜 나가는 것은 입법자의 임무이다"(BVerfGE 69, 315 [357 f.]).

III

1. 제5조 제1항은 일반적인 상황 (연방집회법 제7조 제2항 참조), 즉 집회를 주최하는 자가 —단체가 주최하는 경우에는 해당 단체에 대한 행위권한을 가진 자, 즉 대표자— 집회를 주관하는 상황을 가정하고 있다. 만약 다수의 주최자가 존재하는 경우에는 집회주관임무를 '공동주관단'(共同主管團, eine gemeinsame Versammlungsleitung)에 위임할 수 있다. 이 경우에는 집단적 집회주관, 예를 들면 집회주최자 또는 이들이 지정하는 3인으로 구성된 공동주관단에 의한 집회주관 또한 법적으로 가능하다. 집회주관과 관련되는 질서유지권(Ordnungsgewalt, 제6조)은 집회의 개시와 함께 시작된다. 경우에 따라서는 집회 개최 전에도 질서유지를 위한 조치가 필요한데, 이러한 질서유지를 위한 조치를 행하는 것은 관할 경찰행정청의 임무이다.

2. 제5조 제2항은 지금까지의 법적 상황(연방집회법 제7조 제3항)과 마찬가지로 집회주최자가 집회주관에 관한 그의 기본적 의무를 타인 또는

다수인에게 위임할 수 있다는 점을 규정하고 있다. 왜냐하면 집단적 주관 또한 집회를 하는 자들의 자기결정권(Selbstbestimmungsrecht)에 포함되기 때문이다.

3. 그러나 제5조의 규정이 —새로운 집회의 유형으로 인정될 수 있는 일정한 조건하에서— 예외적으로 주최자 없는 집회 또한 존재할 수 있다는 사실을 배제하는 것은 아니다. 기본법 제8조 제1항은 그러한 유형의 집회를 할 권리까지 포함한다. 따라서 제5조 제3항은 조직화되지 않은 플래시 몹, 그 밖의 인터넷 통신을 통하여 주최자 없이 형성된 집회, 또는 진행과정에서 비로소 조직구성이 이루어지는 우발적 집회 등과 같은 주최자가 없는 집회를 새로운 방법을 통하여 정당하게 평가하고 있다(이러한 가능성에 대해서는 A. Dietel/K. Gintzel/M. Kniesel, Versammlungsgesetz, 15. Aufl., 2008, § 1 Rn. 322 참조). 이때 사전에 예측하기 어려운 집회의 자기조직(Selbstorganisation) 유형의 다양성을 고려하여 집회주관자가 어떻게 지정되어야 하는지에 대해서는 규정하지 않았다. 그러나 이 경우에도 집회의 다수인에 의해, 그리고 그들의 신뢰를 바탕으로 이루어지는 집회주관자 지정만이 실질적으로 허용된다.

4. 이 법률은 공개집회뿐만 아니라 비공개집회에까지 적용되는 것이 원칙이다(제2조 제3항). 따라서 제5조의 집회주관자에 관한 규정 및 그와 관련된 제6조의 집회주관자의 권한에 관한 규정들은 원칙적으로 공개집회 및 비공개집회 모두에 적용된다. 그러나 규모가 크지 않거나 —공중이 인지할 수 있는 경우라 하더라도— 일반인에게 영향을 미칠 수 있는 가능성이 낮기 때문에 집회주관자의 내부적 지정절차에 대하여 의회가 법률로 규율할 것이 요구되지는 않는 수많은 비공개집회도 존재한다(예를 들면 사적인, 비공식적으로 이루어지는 정치적 토론모임). 따라서 집회주관자(제5조) 및 집회주관자의 권한(제6조)에 관한 규정들이 모든 비공개집회에 대해 필수적으로 적용되어야 하는 것은 아니다. 이러한 의미에서 제5조 제4항은 비공개집회의 주관자가 공식적으로 지정되어 있는 경우에만 관련 규정들이 비공개집회에도 적용되도록 규정하고 있다. 다만

집회주관자가 어떻게 지정되는지에 대해서는 법률에서 규정하지 않고 있는데, 왜냐하면 비공개집회의 주관자 지정은 개별사안에 따라 상이하게 이루어지기 때문이다. 따라서 주최자 없는 집회의 경우 주관자의 지정이 집회 자신에 의해서도 이루어질 수 있다(제5조 제3항). 제4조 제1문은 해당 집회에 대한 초청이 있는 경우에만 비공개집회에 대해 적용되나, 초청이 없는 경우에도 다른 규정들에 의하여 집회주관자가 지정될 수도 있다(예를 들면 정당법에 따른 전당대회).

제6조 집회주관자의 권한

(1) ¹집회주관자는 집회가 질서 있게 그리고 평화적으로 진행될 수 있도록 하여야 한다. ²집회주관자는 언제든지 집회를 중지하고 종결할 수 있다.

(2) ¹집회주관자는 질서유지인의 조력을 구할 수 있다. ²질서유지인은 옥외집회의 경우 "질서유지인"이라고만 적힌 흰색 완장을 착용하여 식별이 가능하도록 하여야 한다. ³집회참가자에 관한 이 법률의 규정들은 질서유지인에 대해서도 적용된다.

(3) 집회의 질서유지를 위하여 집회주관자와 질서유지인이 발하는 명령은 준수되어야 한다.

(4) ¹집회주관자는 집회의 질서를 현저히 어지럽히는 자를 집회로부터 배제할 수 있다. ²집회로부터 배제된 자는 지체 없이 집회 장소를 떠나야 한다.

▌▌▌입법이유▌▌▌

I

제6조는 집회 개시 이후 집회주관자의 법적 권한을 구체화하고 있는데, 이러한 권한은 집회가 금지 또는 해산되지 않은 경우에 한하여 인정된다.

II

제6조에 따른 집회주관자의 권한은 대체로 이 규정과 관련된 현재의 법적 상황에 부합한다. 만약 이러한 권한이 기본법 제8조 제1항에 따라 집회를 주최하거나 참가하는 자의 자율성에 법적인 기준을 설정한다면, 이는 헌법차원에서 보호되고, 헌법 내재적 한계로서 기본법 제8조 제1항의 집회의 자유를 제한할 수 있을 정도의 이익 보호를 위한 것이다. 이와 동시에 이러한 규정들은 형성규율(Ausgestaltungsregelung)로서 집회의 행사를 가능하게 한다. 이에 모범초안은 대립하는 헌법상 법익을 보호하기 위하여 필요한 것 이상으로 집회의 자유를 제한할 우려가 있는 법적 의무를 규정하는 것은 지양하였다.

III

이러한 의미에서 제6조는 옥내집회와 옥외집회를 막론하고 공개집회 참가자의 집회의 자유를 제한함이 없이 집회주관자의 최소한의 권한을 —부분적으로는 선택적으로— 규정하고자 시도하였다. 그러한 권한들은 집회주관자들에게 내적으로는 —집회에 대한 위험의 방지라는 의미에서도— 집회가 질서 있게 진행될 수 있도록 하고(필요한 경우에는 질서유지인의 도움을 받을 수 있다), 외적으로는 일반 대중과의 관계, 특히 언론과의 관계에 있어 집회를 보다 확고한 법적 기반 위에 존재할 수 있게 한다.

1. 제6조 제1항은 집회의 주관을 통하여 집회를 질서 있게 진행하여야 할 집회주관자의 임무를 규정하고 있으며, 특히 집회의 평화성 유지에 관한 의무를 새로이 강조하고 있다. 집회를 종결하거나 중지할 권한 또한 주관자에게 부여되어 있다. 그러한 결정은 명시적인 규정이 없다고 하더라도 집회 자체적으로 이루어질 수 있다.

2. 제6조 제2항 제1문은 질서유지인을 선임할 수 있음을 규정하고 있지만, 질서유지인의 선임이 의무는 아니다. 제6조 제2항은 내용상 연방집회법 제9조 제1항 및 제19조 제1항과 관련되지만 "적정한 수(angemessene Zahl)"라는 불확정 법개념을 지양하였으며, 성년, 명예직 등 질서유지인

이 될 수 있는 자격기준 역시 규정하지 않았다. 옥내집회의 경우 그러한 제한은 법률유보가 결여되어 있다는 것만으로도 ─제3자의 기본권 또는 헌법적 차원에서 보호되는 다른 법익의 보호를 위한 것이라고 하여도─ 정당화될 수 없다. 그러나 옥외집회의 경우에도 그러한 일반적인 제한은 적합성 및 필요성의 결여로 인해 비례의 원칙에 반하는 것으로 생각된다(제10조 참고). 비무장(Waffenlosigkeit) 원칙은 이미 모범초안 제8조를 통해 도출된다. 따라서 옥내집회와 관련하여 추가적으로 법 규정을 마련할 필요는 없다.

질서유지인들은 집회에 참가자로서 협력하고, 특히 집회의 내용적인 부분에 대해서까지 공유하는 사람일 필요는 없기 때문에, 제3문은 질서유지인이 참가자와 같은 의무를 지고 있고, 그들과 같은 권한을 가지고 있다는 점을 별도로 명시하고 있다.

3. 제6조 제3항은 연방집회법 제10조, 제18조 제1항의 규정을 따르고 있다.

4. 제6조 제4항은 대체로 연방집회법 제11조의 규정을 따르고 있으나 ─연방집회법 제18조 제1항, 제19조에서 더 나아가─ 집회주관자의 배제권한을 옥외집회에까지 확대하였다. 집회참가자 또는 제3자에 의하여 집회의 질서 있는 진행에 현저한 장해가 발생할 경우, 집회주관자는 이들의 집회참가 또는 집회장소 주변에 머무르는 것을 배제할 수 있다. 이러한 내용은 기자가 집회의 질서를 현저하게 방해하는 경우에도 적용된다(이에 관해서는 제22조 제2항의 이유 참조). 배제된 자는 지체 없이 그 장소를 떠나야 한다.

이 규정은 전체적으로 보충성 원칙에 부합하는데, 여기서 보충성 원칙이란 제14조 제2항 제1문 또는 제24조 제2항 제1문에 따른 권한 있는 행정청에 의한 배제 이전에 집회와 그 주관자의 자기조직력(Selbstorganisationskraft)이 우선하여야 한다는 것을 의미한다. 집회주관자와 집회참가자가 동등하게 집회의 자유를 주장할 수 있기는 하지만(제1조, 기본법 제8조), 집회참가자에 의하여 현저한 장해가 발생하는 경우에는 기본법

제8조에 따라 동등한 집회의 자유를 누리는 이들 상호 간에 기본권의 내적 충돌(In-Sich-Konflikt)이 발생하게 된다. 이것이 —옥내집회에 있어서도 충돌하는 헌법상 법익 간의 조정이라는 의미에서— 집회의 속행과 진행을 위하여 제6조 제4항을 마련하고 있는 이유이다. 집회주관자가 현저한 장해를 야기한 집회참가자를 배제시키지 못하고, 그 결과 집회의 진행이 위협을 받는 경우에는 권한 있는 경찰행정청이 이 법의 규정에 따라 개입하여야 한다.

제7조 방해금지

집회의 진행을 현저하게 저해하거나 불가능하게 하는 것을 목적으로 집회를 방해하는 것은 금지된다.

▌▌▌ 입법이유 ▌▌▌

I

집회의 자유의 기본권적인 보장에는 제1조에서 강조하고 있는 집회에 참여하고 집회를 주최할 수 있는 주관적인 권리뿐만 아니라 —주관적 권리의 주장을 통해 달성될 수 없는 경우에도— 기본권을 행사할 수 있도록 하여야 할 입법자와 그 밖의 국가권력 주체의 객관법적 임무 또한 포함된다. 이러한 객관법적 의무에는 방해에 의해 집회의 진행이 불가능하거나 현저히 저해 받지 않도록 법질서를 설정할 임무 또한 포함된다. 다만 집회가 특정한 견해를 주장하는 장(場)으로서 기능할 뿐만 아니라, 상호 간에 토론하고 이를 통해 논쟁을 해결하기 위한 장이라는 점 또한 고려되어야 한다(BVerfGE 84, 203 [209]; 92, 191 [202 f.] 참조). 즉 어떠한 행위가 의사표현을 위한 수단에 국한되고, 타인이 발언하고 그 발언을 경청할 가능성을 방해하지 않는다면 특정한 집회 목적을 지지하지 않거나, 집회에서 다수의견에 대해 반론 또는 불만을 표현하거나, 타인의 발언도중에 끼어들어 소리를 지르거나, 큰소리로 항의하거나, 현수막을

게시하는 사람들의 기본권 또한 보호를 받는다. 비록 그러한 행위가 집회의 원활한 진행을 어렵게 한다 하더라도 집회법상으로는 방해로 평가되지 않는다.

따라서 의사형성을 위한 토론이 위협받을 수 있을 정도로 방해금지가 해석되고 적용되어서는 안 된다. 그러나 방해금지가 보호임무의 이면으로서 집회의 진행을 가능하게 하기 위한 한계를 설정하는 경우에는 문제가 되지 않는다. 제7조는 이러한 내용에 국한된다.

II

연방집회법은 제2조 제2항에서 일반적 방해금지를 규정하고 있으며, 형벌조항에서 현저한 방해가 있는 경우에 대한 제재 가능성을 규정하고 있다(연방집회법 제21조, 제22조). 최근 제정된 각 주의 집회법 규정이나 법률안 또한 연방집회법과 마찬가지로 형사처벌이 가능한 유형의 방해금지 외에, 집회의 질서 있는 진행을 방해하는 것을 내용으로 하는 일반적 방해금지에 대해서도 규정하고 있다(Art. 8 Abs. 1 BayVersG, § 2 Abs. 2 SächsVersG, § 8 Abs. 1 VersG-E-BL).

III

제7조는 집회의 진행을 불가능하게 하거나, 현저하게 방해하는 것을 내용으로 하는 일반적 방해금지를 규정하고 있다. 집회를 시작할 수 없을 정도의 방해 행위가 있는 경우, 또는 집회가 시작된 이후의 방해 행위가 집회를 중단하여야 하거나 예정된 토론이나 선언이 더 이상 진행될 수 없을 정도로 집회의 외적인 진행을 현저하게 방해하는 경우에 이러한 방해가 인정된다. 특히 방해의 결과 —집회 자체를 중단하는 것과 마찬가지로— 집회의 목적을 더 이상 추구할 수 없게 되는 경우가 그 예이다.

제6조에서 규정하고 있는 주관권(Leitungsgewalt)은 제7조에 따른 금지의 관철에 기여하는바, 제6조에 따른 주관권 행사는 단지 집회 내에서의

방해만을 저지할 수 있다. 그러한 한도 내에서 주관권은 집회 장소에 존재하는 모든 사람, 경우에 따라서는 비참가자에 대해서도 행사할 수 있다. 이에 반하여 제3자에 의한 진입로의 봉쇄와 같은 외부로부터의 방해에 대해서는 주관권이 행사될 수 없다. 집회의 주관자가 언제나 효과적으로 방해를 방지할 수 있는 것은 아니라는 점 또한 유의하여야 한다. 따라서 일반적 금지를 구체화하고, 경우에 따라서 행정강제라는 수단을 통하여 이를 관철하는 관할 행정청의 보충적 권한이 중요한 의미를 갖는다. 비참가자에 의한 방해, 특히 집회의 외부에 존재하는 제3자에 의한 방해에 대해서는 주 경찰법에 따른 조치가 취해질 수 있다. 집회참가자에 대해서는 제9조의 기준이 적용된다. 그러나 예컨대 반대집회 등 다른 집회에 의한 방해 등에 대해서도 집회법상의 규정들이 적용되어야 하는지 여부, 만약 그렇다면 어느 정도 적용되어야 하는지에 대해서는 분명하게 밝혀져야 한다.

특히 현저한 방해에 대해서는 형벌 또는 과태료가 규정되어 있다. 폭력을 행사하거나 폭력으로 위협하는 것은 제27조 제1항에 따라 형사처벌이 가능하며, 진입로나 행진로의 봉쇄는 제28조 제1항 제4호에 따라 질서위반행위로 제재 가능하며, 이러한 행위가 반대집회 중에 행해졌다 하더라도 그러하다.

제8조 무기금지

다음 각 호의 물건을 집회 또는 집회로 향하는 도중에 소지하거나, 집회 장소로 운반하거나, 집회에서 사용하기 위하여 준비하거나 배부하는 것은 금지된다.

1. 무기
2. 그 성질상 사람에 대한 상해 또는 물건에 대한 중대한 손상을 가져오기에 적합하고, 정황상 그와 같은 용도로 사용될 것으로 판단되는 그 밖의 물건

▐▐▐ 입법이유 ▐▐▐

I

기본법 제8조 제1항은 무기를 소지하고 있는 자의 집회의 자유는 보호하지 않는다. 모범초안 제8조에서 규정하고 있는 무기금지는 집회 또는 그 주변에서 무기를 소지하는 것은 금지되고, 다른 기본권에 의해서도 정당화될 수 없다는 것을 의미한다. 이 조항에 따른 금지는 집회참가자가 아닌 사람에 대해서도 적용된다.

II

이 조항에 상응하는 무기금지는 연방집회법 제2조 제3항, 주집회법(예를 들면 작센주 집회법 제2조 제2항, 작센-안할트주 집회법 제2조 제3항)에서 찾아볼 수 있다. 이러한 규정들은 ―모범초안 제8조와는 달리― 무기소지를 행정청이 허가할 수 있다는 것도 규정하고 있다.

III

1. 지배적인 견해에 따르면 기본법 제8조 제1항에서의 무기에는 소위 기술적 의미의 무기(Waffen im technischen Sinn, '성질상 무기'에 해당한다)와 비기술적 의미의 무기(Waffen im untechnischen Sinn, '용법상 무기'에 해당한다)가 모두 포함된다. 만약 후자를 부정하는 견해에 따르더라도(W. Höfling, in: M. Sachs [Hrsg.], GG, 5. Aufl., 2009, Art. 8 Rn. 35 f.; P. Kunig, in: I. v. Münch/P. Kunig [Hrsg.], GG, 5. Aufl., 2000, Art. 8 Rn. 26), 집회법상 비기술적 의미의 무기소지 금지는 '평화명령(Friedlichkeitsgebot)'에 의해 정당화될 수 있다. 우선 법률상 금지는 총포, 도검,[14] 폭발물 또는 위험한 자극물질(Reizstoff) 등과 같은 기술적 의미에서의 무기(제1호)에 대해 적용된다. 그러나 비기술적 의미에서의 무기(제2호), 예를 들면 야구방망이, 투

---

14) **[역주]** 원서에는 Hiebwaffen(베는 무기), Stoß-, Stichwaffen(찌르는 무기)이라고 되어 있는데, 그 의미를 고려하여 여기서는 이를 총칭하여 도검이라고 번역하기로 한다.

견 또는 절단기와 같이 그 성질상 무기와 마찬가지로 사람에 대한 상해 또는 물건에 대한 중대한 손상을 야기하기에 적합하고, 그 물건을 소지하고 있는 자도 그러한 용도로 사용하고자 하는 경우에는 금지에 포함된다.

2. 일반적인 무기소지허가(무기법 제4조 이하 참조)가 제8조의 적용영역, 즉 집회에서 무기를 소지할 권한을 부여하는 것은 아니다. 제8조는 행정청의 허가를 통하여 무기금지의 예외가 인정될 수 있는 가능성을 규정하고 있지 않다. 따라서 무장을 한 질서유지인 또는 무장을 한 민간경호원의 선임은 행정청의 허가가 있다 하더라도 불가능하다. 집회에서 또는 그 주변에서 개인이 무기를 휴대하는 것은 갈등을 증대시키고, 그것을 사용할 경우 신체와 생명의 손상을 가져오는 등 통제하기 어려운 중대한 위험을 야기할 수 있다.

집회의 개념이 엄격하게 해석된다는 점을 고려할 때(제2조 제1항), 집회법상의 금지는 해당 연도 사격대회 우승자 및 사격연맹의 행진과 같은 행사에서의 무기휴대에 대해서까지 적용되는 것은 아니다.

3. 제8조는 권한 있는 행정청이 고권력(Hoheitsgewalt) 행사를 위해 무기를 소지하는 것에는 적용되지 않는다. 경찰이 임무를 수행하거나 권한을 행사함에 있어 무기를 소지할 권한이 있는 경우, 집회법에 명문의 규정이 없는 경우에도 제8조의 적용을 받지 않는다. 공무원으로 임명되지 않은 경찰력에 의한 경찰무기 사용에 대해서도 별도로 규정할 필요가 없다. 왜냐하면 어떤 사람이 고권적 경찰임무를 수행하기 위해 투입될 수 있는지는 집회법이 아닌 일반 규정에 따라 판단할 문제이기 때문이다.

4. 제8조의 해석과 적용에 있어, 공공의 안녕에 대한 위험을 야기할 수 있는 모든 물건의 사용이 이 조항에서 의미하는 무기에 해당하는 것은 아니라는 점을 고려하여야 한다. 예를 들면 물감주머니(Farbbeutel), 날계란 또는 썩은 과일 등은 비기술적 의미의 무기(제2호)에 포함되지 않는다. 따라서 이러한 물건을 휴대하고 있다는 사실 자체만으로 집회의

자유의 보호에서 배제되지는 않는다. 그러나 건강에 대한 위험이나 형사처벌 대상이 되는 행위 등과 같이 공공의 안녕에 대한 위험이 존재함에도 불구하고 집회주관자가 그를 저지하지 아니할 때에는 상응하는 명령을 통해 저지될 수 있다.

제9조 경찰법의 적용가능성

(1) 처분을 행하는 시점에 인식할 수 있는 제반 사정을 고려할 때 집회의 진행 전이나 진행 중 또는 집회에 연이어서 집회 참가자들로부터 공공의 안녕에 대한 직접적 위험이 발생하는 경우 집회법이 개별 참가자에 대한 위험방지조치를 규정하고 있지 않는 한 주 경찰법에 따른 조치가 허용된다.

(2) 옥내집회에 대해서는 제23조 제1항에서 의미하는 위험이 참가자에 의해 발생하는 경우 제1항이 적용된다.

(3) 집회 시작 전에 이루어지는 집회참가 금지조치는 제14조 또는 제24조에 따른 참가금지를 전제로 한다.

▌▌▌ 입법이유 ▌▌▌

I

제9조는 현재까지 많은 논란이 되어 왔던 집회법과 일반 경찰법의 관계에 대해 규정하고 있다. 이 법률의 규정은 다음과 같은 기본사상에 기초하고 있다. 한편으로는 집회와 관련하여 고려되는 모든 조치를 집회법에서 규정하는 것은 사실상 불가능하다는 점, 그러나 다른 한편으로는 집회상황에 있어서 특히 중요한 조치 및 집회 특수적인 조치는 특별법에 종국적으로 규율되어야 한다는 점이다.

1. 집회의 조직에 관한 사전단계와 전체집회의 조정에 대해서는 집회법이 종국적으로 규율하고 있다. 이 점에 있어서는 집회의 신고에 관한 규정(제10조)과 제한 · 금지 · 해산 권한(제13조, 제23조)만으로도 충분하다. 전체집회와 관련된 집회법상의 권한은 경찰법에 대해 *일반적* 차단

효(遮斷效, Sperrwirkung)를 가진다. 따라서 전체집회를 대상으로 한 조치는 집회법에 근거해서만 허용된다. 그러한 의미에서 경찰법은 집회가 금지되거나 해산된 이후에야 비로소 적용될 수 있다.

2. 반면 조치가 개별 집회참가자를 대상으로 한다면 그에 대한 규율은 기본적으로 일반 경찰법의 보충적 적용가능성을 바탕으로 한다. 그러나 제9조 제1항은 일반 경찰법에 따른 조치를 집회의 자유에 대한 제한에 요구되는 '직접적 위험'과 결부시키고 있는바, 이 점에서 동조는 일반 경찰법에 따른 조치 또한 집회의 특수한 상황을 고려하여 구성하고 있다.[15]

3. 제9조 제1항은 '직접적 위험'이라는 징표를 통하여 준용의 요건을 강화하고 있다. 따라서 직접적 위험이라는 징표 외에도 경찰법적 권한규범 상의 모든 다른 요건들 또한 충족되어야 한다. 이 외에도 경찰법상의 권한을 행사하는 경우, 특히 조치의 비례성을 판단함에 있어 기본법 제8조를 적절히 고려하여야 한다. 이 규정은 집회의 사전단계와 사후단계에서도 집회의 특수성에 따른 보호를 고려하고 있는데, 왜냐하면 집회의 사전단계와 사후단계 또한 개별 참가자의 "집회의 자유"의 보호범위에 해당하기 때문이다(사전단계에 관해서는 BVerfGE 84, 203 [209]; 사후단계에 관해서는 A. Dietel/K. Gintzel/M. Kniesel, Versammlungsgesetz, 15. Auf., 2008, § 1 Rn. 73 ff.).

4. 제9조 제1항에 근거할 때 개별 참가자에 대한 집회법상의 권한들은 ─예를 들면 제15조 또는 제16조 제1항─ 일반 경찰법에 대해 단지 *개별적* 차단효만을 가진다. 즉 집회법이 특별한 규정을 마련하지 않고 있고, 집회의 시작 전이나 진행 중 또는 집회의 종료 후에 직접적 위험이 존재하는 경우에는 경찰법이 적용된다.

5. 옥내집회와 관련하여 제2항은 '개입기준(Eingriffsschwelle)'을 이러한 유형의 집회에 적용되는 헌법적 요청(제23조의 이유 참조)을 준수하도록

---

15) [역주] 일반 경찰법에 따른 경찰의 조치는 '공공의 안녕에 대한 위험'이 존재하는 경우에 취해질 수 있다. 그러나 제9조 제1항은 집회와 관련하여 일반경찰법에 따라 취해지는 조치의 경우에도 (일반경찰법에 따른 경찰의 조치에 요구되는) 통상의 위험보다 강화된 '직접적 위험'의 존재를 요구하고 있다. 이 점에서 집회의 특수한 상황이 고려되어 있다.

하고 있다.

6. 제3항은 체류지 신고의무(Meldepflicht)와 같이 집회 참가 저지를 목적으로 하는 사전조치는 추가적으로 집회법 규정에 따른 사전적인 참가 금지가 있어야 함을 규정하고 있다.

7. 집회법은 제3자, 즉 집회에 참가하지 않는 자에 대한 조치에 대해서는 차단효를 가지지 않는다. 만약 제3자가 공공의 안녕을 위태롭게 하는 경우에는 일반적인 법적 근거에 기하여 조치를 취할 수 있다. 금지되거나 해산된 집회, 또는 집회로부터 배제된 참가자에 대해서도 일반적 법적 근거에 기초하여 대응할 수 있다. 다만 집회참가자만을 대상으로 하는 것이 아닌 집회법 규정의 경우에는 제3자에 대해서도 —일반적인 법적 근거와 함께— 적용된다. 제3자에게도 적용되는 집회법 규정들은 한편으로는 반드시 주 경찰법에 규정할 필요가 없는 조치에 대한 법적 근거를 마련하고 있으며, 그 예로는 보호장구 및 복면금지(제17조)가 있다. 다른 한편으로는 권한 있는 행정청이 참가자와 제3자를 명확하게 구분할 수 없는 상황에 있어 법적 명확성을 확보하기 위해 제3자에게도 집회법 규정이 적용되도록 규정하고 있다. 예를 들어 제14조 제1항은 집회에 참가하거나 집회장소에 체류하는 것을 금지할 수 있는 권한을 규정하고 있는데, 권한 있는 행정청이 조치를 취하는 시점에 장해자가 참가자인지 여부를 명확하게 확인할 수 없는 경우도 있기 때문이다.

8. 제9조 제1항은 경찰법에서 규정하는 요건들을 추가적으로 준수하는 것을 전제로 개별 집회참가자에 대하여 경찰법상 조치를 취할 수 있는 권한을 정당화하고 있다. 이러한 조치에 의한 집회의 자유에 대한 제한은 —제9조 제1항에 의해 준용되고 직접적 위험(unmittelbare Gefahr)이라는 요건에 의해 수정된 경찰법적 권한이 아닌— 제9조 제1항에 그 근거를 두고 있다. 즉 기본법 제19조 제1항 제2문이 요구하는 인용원칙(Zitiergebot)의 관점에서 집회의 자유는 제9조 제1항에 의해 제한되는 것이지, 이와 연계된 경찰법상 침해규정에 의해 제한되는 것이 아니다. 따라

서 기본법 제8조에 대한 제한을 명시하기 위해 인용원칙에 관한 경찰법 규정을 (집회의 자유에 대해서까지) 확대할 필요는 없다.

II

현재까지의 법적 상황에서의 집회법과 일반 경찰법의 관계는 일련의 불명확성으로 각인되어 있다.

1. 우선 집회 개최 이전에 이루어지는 사전조치가 그러하다. 연방집회법 또한 전체집회를 대상으로 하는 조치들에 대해서는 종국적으로 규정하고 있지만, 참가자들의 개별적인 사전활동에 대해서는 —연방집회법 제2조 제3항, 제17a조와 같이— 단지 단편적으로만 규정하고 있을 뿐이다. 따라서 대부분의 주 법률들이 따르고 있는 연방집회법은 실제 필요로 하는 사전조치 중 단지 일부분에 대해서만 규정하고 있을 뿐이다. 이로 인하여 발생하는 어려움을 극복하기 위해 다양한 제안들이 이루어지고 있다. 연방행정법원은 특히 집회참가자에 대한 체류지 신고의무 부과(Meldeauflage)[16]에 관한 최근의 판결에서 집회법이 규정하고 있지 않는 사전조치는 일반 경찰법을 근거로 이루어질 수 있다고 주장했다 (BVerwGE 129, 142 [147]). 이러한 결론은 기본적으로는 타당하지만(M. Kniesel/R. Poscher, in: H. Lisken/E. Denninger[Hrsg.], Handbuch des Polizeirechts, 4. Aufl., 2007, Kap. J Rn. 35 ff), 현행 집회법에서는 곧바로 도출해 낼 수는 없었다. 왜냐하면 이 경우 법적 근거가 되는 경찰법이 기본법 제8조가 요구하는 인용의 요청을 충족하지 못하기 때문이다.

2. 이 외에도 개별 집회참가자에 대해 이루어지는 집회 시작 후의 조치의 경우에도 유사한 문제가 발생한다. 지금까지의 법률은 개별 집회참가자에 대해 단지 연방집회법 제17a조 제4항 제2문, 제18조 제3항, 그리고

---

16) [역주] '신고의무의 부과'란 경찰이 문제시되는 관계인에게 특정한 시점 또는 —실무상으로 더 일반적인 것은— 특정한 시간 내에 자신의 신분을 증명할 수 있는 서류(예컨대 사진이 붙어 있는 신분증명서)를 휴대하여 매일 한번 또는 여러 번 경찰관서에 신고할 것을 명하는 것을 말하는바, 이 경우 신고는 통상적으로 수범자의 주소지로부터 가장 가까운 경찰관서에 하도록 되어 있다.

제19조 제4항에 따른 집회로부터의 배제에 대해서만 규정하고 있을 뿐이다. 그 외에는 대개 마이너스 처분(Minusmaßnahmen)의 사상[17]이 고려되는데(BVerwGE 64, 55 [58]), 이 경우에도 집회법과 경찰법이 어떻게 상호작용하는지에 대해서는 법리적(dogmatisch)으로 불분명하다(M. Kniesel/R. Poscher, in: H. Lisken/E. Denninger [Hrsg.], Handbuch des Polizeirechts, 4. Aufl., 2007, Kap. J Rn. 28 ff.). 따라서 이러한 해석은 연방법과 주법의 혼재 및 법적 근거 도출의 불명확성에 기한 임시적 해결방편에 불과하다는 것은 이 견해를 지지하는 자들에 의해서도 인정되고 있다. 이에 그들은 이러한 문제의 궁극적인 해결을 위하여 입법이 요구된다고 생각한다(H. Brenneisen, in: ders./M. Wilksen, Versammlungsrecht, 3. Aufl., 2007, S. 262).

III

1. 옥외집회에 대해 일반 경찰법에 근거하여 조치를 취할 수 있도록 하는 것은 기본법 제8조 제2항의 법률유보에 따를 때 아무런 헌법적 의문이 존재하지 않는다. 다만 그것은 개별 참가자를 대상으로 한 조치에만 국한되는데, 왜냐하면 전체집회를 대상으로 한 조치는 집회법에 종국적으로 규율되어 있기 때문이다.

독일 특유의 관할법적(kompetenzrechtlich)인 이유로 이러한 준용규정에 의하여 각 주의 경찰법이 적용된다. 제9조는 집회와 그 사전·사후단계에 대해 설명하고 있다. 집회의 사전단계와 사후단계 또한 기본법 제8조에 의해 기본권적으로 보호된다(위의 I. 3. 참고). 집회의 사전단계와 사후단계가 기본법 제8조에 의해 기본권적으로 보호된다면, 그에 대한 규정은 주입법자의 ─배타적인─ 관할권에 속한다. 그들은 이러한 관할권을 행사하여 집회법을 부분적으로 경찰법에서 규율할 수 있다. 그러나 그들은 ─기본법 개정 이전의 헌법 상황과는 달리─ '집회'라는 대상

---

17) **[역주]** 여기서 마이너스처분의 사상이란 일반 경찰법에 근거하여 개별참가자에 대한 조치를 취할 수 있다고 하여도, 그것은 집회법에 규정된 조치보다 참가자에게 덜 침해적인 조치에 국한되어야 한다는 사상을 말한다.

을 규율할 수 있는 유일한 입법자이다. 집회와 그 사전, 사후단계에서의 연방경찰 투입에 있어 연방경찰은 연방경찰법 제11조와 제65조에 따라 단지 보조적으로만 활동할 수 있고, 이에 상응하는 주법에 근거하여 활동할 수 있다는 것을 의미한다. 이러한 내용은 연방경찰에 속하는 철도경찰이 임무를 수행하는 기차역 등에서의 집회에도 적용된다(연방집회법에 관하여는 VG Schleswig, 3 A 338/01, Urt. v. 22. 2. 2005; H. Martens, Die Polizei, 2010, 48 [56]). 왜냐하면 철도경찰의 임무는 철도교통에 대한 위험만 관련 있기 때문이다. 그러한 임무로부터는 집회의 규율에 관한 입법권한도 도출할 수 없으며, 행정권한 또한 도출할 수 없다(K.-H. Blümel/K. M. Malmberg, Bundespolizeigesetz, 3. Aufl., 2006, §3 Rn. 61 ff.).

2. 제2항은 제1항의 법적 근거 지시(Rechtsgrundverweis)를 옥내집회에 맞게 수정하였다. 제23조 제1항에서는 옥내집회의 제한과 관련된 법률유보의 미비에도 불구하고 헌법적으로 정당화될 수 있는 위험방지의 유형에 대해 규정하고 있다.

3. 제3항은 집회 참가 저지를 목적으로 하는 여타 법률에 따른 조치는 집회법에 근거한 형식적인 참가배제가 이루어진 이후에만 가능하다는 것을 확인하고 있다. 즉 집회참가의 저지를 목적으로 하는 조치, 예를 들면 신고의무의 부과, 구금, 체류법상의 제한은 형식적인 집회참가 배제조치가 이루어진 이후에만 허용된다. 이러한 내용은 경찰법뿐만 아니라 다른 법률들에도 적용된다. 왜냐하면 이러한 조치는 체류법 등을 통해서도 이루어질 수 있기 때문이다.

Ⅱ. 옥외집회

제10조 신 고
(1) ¹옥외집회를 주최하고자 하는 자는 이를 늦어도 집회초청 48시간 전에 권한 있는 행정청에 신고하여야 한다. ²다수인이 집회를 주최하는 경우에는

하나의 신고만을 하여야 한다. ³신고는 서면이나 전자적 방법 또는 조서로 하여야 한다. ⁴토요일, 일요일 및 공휴일은 기간의 계산에 산입하지 아니한다.

(2) ¹신고서에는 예정된 집회의 장소, 시간 그리고 목적을 기재하여야 하며, 행진의 경우에는 예정된 경로 또한 기재하여야 한다. ²신고는 신고인, 그리고 주관자가 존재하는 경우에는 주관자의 이름과 주소를 포함하여야 한다. ³집회 주관자가 사후에 지정되는 경우에는 주관자가 될 사람의 이름과 주소를 지체 없이 관할 행정청에 통보하여야 한다. ⁴집회의 주관자가 질서유지인의 조력을 필요로 하는 경우에는, 질서유지인의 수를 포함하여 그 선임에 대해 권한 있는 행정청에 통보하여야 한다.

(3) ¹제1항 제1문의 기한을 준수할 경우 집회의 목적달성이 어려울 때에는 (긴급집회) 늦어도 그 초청과 동시에 관할 행정청 또는 경찰관서에 집회를 신고하여야 한다. ²신고는 전화로도 할 수 있다.

(4) 집회가 우발적인 결정에 의해 즉각적으로 형성되는 경우에는(우발적 집회) 신고의무는 면제된다.

▌▌▌ 입법이유 ▌▌▌

I

제10조는 옥외집회에 있어 권한 있는 행정청에 대한 관념의 통지로서의 사전 신고의 필요성 및 방법에 대해 규정하고 있다. 집회법상 신고의무는 종종 제기되는 의문(W. Höfling, in: M. Sachs [Hrsg.], GG, 5. Aufl., 2009, Art., 8 Rn. 57 f. 참조)에도 불구하고 —기본법 제8조 제1항의 문언에 따를 때 집회는 원칙적으로 신고나 허가 없이 허용되어야 하는 것이지만— 기본법 제8조 제2항에 근거하여 허용된다는 것이 지배적 견해이다. 그러나 모든 집회에 대해 기계적으로 신고의무를 적용하는 것은 헌법적으로 허용되어서는 안 된다.

제10조에 규정되어 있는 신고의무에 의한 집회의 자유에 대한 제한에 있어서도 옥외집회의 특수성을 고려하여야 한다. 한편으로는 집회를 주

최하거나 집회에 참가하는 자에게 기본권적으로 보장되는 자율성이라는 관점에서 볼 때, 집회의 주최자나 참가자에게 법적 의무를 부과하는 형태의 제한은 실제 필요한 최소한의 범위 내에서 행해져야 한다. 다른 한편으로 옥외공개집회는 제3자의 이익을 침해하거나, 때로는 공공의 안녕에 대한 위해를 가져오는 것이 일반적이라는 점 또한 고려되어야 한다. 신고의무는 적시성(適時性) 있는 통보를 통해 권한 있는 행정청이 ―제3자의 이익과 법익에 대한 형량을 통하여― 처음부터 집회의 진행을 보장하는 것을 가능하게 한다(BVerfGE 69, 315 [350 ff.]; BVerwGE 26, 135 [137] 참조). 즉 신고의무는 본질적으로 집회의 자유를 제한하는 것이 아니라, (적어도) 집회의 자유를 발현하는 데 기여한다(A. Dietel/K. Gintzel/M. Kniesel, Versammlungsrecht, 15. Aufl., 2008, § 14 Rn. 8 f. 참조).

II

여기서 제안하고 있는 신고의무의 법률상 형태는 기본적으로 현행 연방 차원의 법적 상황(연방집회법 제14조)에 근거하고 있는데, 연방집회법 제14조는 신고의무 뿐만 아니라, 신고내용에 관한 최소한의 요건에 대해서도 규정하고 있다. 그러나 모범초안에서 제안하는 신고의무는 이러한 사항을 현행 법적 상황에 비하여 보다 구체화하고 있다. 이 외에도 제10조는 긴급집회나 우발적 집회에 있어서 신고의무의 수정에 대해서도 규정하고 있다.

연방-주 워킹그룹에 의한 집회법 초안(VersG-E-BL) 제13조 등과 같이 현재의 법적 상황에 비해 광범위한 규정을 둘 것을 제안하고 있는 다른 초안들과는 달리, 모범초안은 신고의무의 내용적 범위를 꼭 필요한 것만으로 제한하였다. 이는 신고의무의 내용적 요건들이 행정실무상 단순 편의를 위해 집회의 자유를 사실상 침해할 정도로 심각하게 관료화되지 않도록 하는 것을 그 목적으로 한다. 이 외에도 제10조는 기본법상 집회의 자유가 새로운 유형의 집회에 대한 자유까지 포함하고 있다는 점을 고려하고 있으며, 그 결과 집회주관자가 반드시 사전에 지정되어 있을 것을 요구하지 않는다.

III

1. 여기서 제안하는 신고의무는 집회에의 초청과 연계되어 있다(제4조 참고). 제1항에 따를 때 신고의무는 옥외집회에 대해서만 적용된다(기본법 제8조 제2항 참고). (옥외집회 여부를 판단함에 있어) 지붕의 존재 여부는 중요하지 않기 때문에 "노천에서(unter freiem Himmel)"[18]라는 표현이 오해를 불러일으킬 수 있지만, 기본법상의 용어 및 이미 정착되어 있는 용례를 그대로 유지하였다. 또한 모든 사람들에게 집회장소에의 접근이 허용된다는 것(H. Schulze-Fielitz, in: H. Dreier [Hrsg.], GG, Bd. I, 2. Aufl., 2004, Art. 8 Rn. 65 참고)을 의미하는 '공개적'이라는 개념 역시 계속 사용하였다(보다 자세한 것은 제21조의 입법이유 참조).

한편 여기서의 신고의무를 고권적 통제를 목적으로 하는 허가의 신청으로 이해하여서는 안 되며, 신고의무는 단지 권한 있는 행정청에게 ―경우에 따라서는 주최자와의 협력을 통하여― 자신이 하여야 하고, 할 수 있는 것들을 통해 집회의 원활한 진행에 기여할 수 있는 기회를 부여하는 것으로 이해하여야 한다. 따라서 ―비록 신고의무가 집회실무에 있어서 가장 많이 위반되는 법 규정에 속하고, 그 결과 신고의무에 관한 조항의 필요성에 대해 의문이 제기되기도 하지만― 옥외공개집회에 대한 신고의무는 계속 유지되어야 한다. 옥외집회가 아무런 문제없이 원활하게 진행되도록 한다는 신고의무의 의미를 고려할 때, 현재까지의 법적 상황과 마찬가지로 신고의무를 그대로 존치시킬 필요가 있다(반대 견해로는 예컨대 der Gesetzentwurf der Fraktion Bündnis 90/Die Grünen im Bayerischen Landtag, LT-Drs. 16/1156 v. 22. 4. 2009). 관념의 통지로서의 신고는 그 도달(Eingang)과 함께 권한 있

---

18) **[역주]** 집회관련법규에서 많이 사용되고 있는 옥외집회라는 용어에 상응하는 독일집회법상의 용어는 "Versammlung unter freiem Himmel"이다. 한편 여기서 'unter freiem Himmel'이 갖는 문자 그대로의 의미는 '노천(露天)에서'인데, 본문은 이러한 점을 고려하여 설명하고 있다.

는 행정청이 예정된 집회를 대비하고, 경우에 따라서는 협력대화를 제안하거나 또는 제안하지 않는 것을 가능하게 한다(제3조 제2항 참조).

신고의무는 필수적인 것에 국한되어야 한다. 따라서 현행 신고기한인 48시간은 그대로 유지하였다. 그러나 행정청의 근무일을 고려하여 주말과 공휴일은 기간계산에 산입하지 않는다는 점을 명시적으로 규정하였다(제10조 제1항 제4문). 다수의 주최자가 있는 경우, 제1항 제2문에 따를 때 ―권한 있는 행정청이 해당 집회에 대한 정보를 제공받기 위해서는 ― 단지 하나의 신고만이 요구된다. 그렇지 않다면 다수 주최자 간의 사전 조율이 필요하게 되는바, 이 경우 조정에 어려움이 뒤따르기 마련이다. 이러한 사전 조율의 필요성으로 인하여 다수의 주최자들이 제28조 제1항 제1호에 따라 제재를 받을 수 있다는 부담을 줘서는 안 된다. 제1항 제3문에 규정되어 있는 형식적 요건들은 앞에서 언급한 목적에 부합할 수 있도록 행정청이 서면으로 집회에 관한 정보를 얻도록 하는 것을 목적으로 하며, 이를 통하여 행정청은 적절하게, 경우에 따라 협력적으로 참여할 수 있게 된다. 한편 다른 법률안들의 경우 (공고와 관련하여) 광범위한 모델을 갖고 있다. 그러나 모범초안 제4조에서 초청에 대해 충분히 규정하고 있다는 점을 고려할 때, 그러한 모델에 따른 초청의 법률적 정의는 불필요하다고 생각된다. 이를 통해 일부 사안들에서의 신고의무의 헌법적 허용가능성에 대한 의문 또한 해결된다(예를 들어 C. Gusy, in: H. v. Mangoldt/F. Klein/C. Starck, GG, Bd. I, 5. Aufl., 2005, Art. 8 Rn. 36 참조).

2. 신고의 내용에 관한 모범초안의 규정(제2항)은 장소, 시간, 주제, 집회주최자와 (주관자가 있는 경우에는) 주관자의 이름과 주소, 행진의 경우 예정된 경로 등 필수적인 것만으로 제한하였다. 따라서 신고의 내용에 관한 모범초안의 규정은 신고의 내용적인 요건들을 광범위하게, 그리고 가능한 포괄적으로 규정하고자 하는 최근의 법정책적 노력들을 따르지 않고 있다. 모범초안은 특히 신고가 가능한 최초 시점에 관하여 별도로 규정하고 있지 않다. 이는 다른 사람에 비해 가능한 한 빨리 신고하고자 하는 충동을 유발하지 않고, 신고의 시간적인 우위가 ―중립적으로 결정

되고 실행되어야 하는— 집회의 시간과 장소의 우위를 결정함에 있어 유일하고 결정적인 형량의 기준이 된다는 착오를 불러일으키지 않도록 하기 위한 것이다(반대의견으로는, BVerfGK 6, 104=BVerfG [K], 1 BvR 961/05 v. 6. 5. 2005, NVwZ 2005, 1055, Rn. 25 ff.; OVG Rheinland-Pfalz, NVwZ 2003, 848). 또한 초안은 신고 시에 집회주최자 외에 주관자를 지정할 의무를 규정하고 있지 않는데, 이를 통해 추후에 주관자를 지정하는 것을 가능하게 하고 주관자가 없는 집회 등 비전형적인 (또는 다른 유형의) 집회 또한 가능하도록 하고 있다.

제10조 제2항 제4문에 따라 집회의 진행을 위해 질서유지인을 선임할 수 있다. 그러나 질서유지인의 선임에 관하여 더 이상 명시적인 허가를 받을 필요는 없다. 왜냐하면 연방집회법 제18조 제2항상의 허가의무 (Erlaubnispflicht)는 —질서유지인의 수와 자격에 관한 예방적 통제라는— 그 의미를 고려할 때 대다수의 공개집회의 경우 전혀 문제가 되지 않고 있기 때문이다. 질서유지인의 선임이 문제가 되는 일부 사례의 경우에는 제12조 제2항에 따라 권한 있는 행정청의 사후적인 요청만으로도 충분히 해결할 수 있다. 이와 같이 문제되는 상황이 있을 수 있다는 가능성만으로 집회법에서 그 요건을 규정함에 있어, 질서유지인의 선임이 공공의 안녕에 대한 직접적 위험이 존재한다는 것에 대한 추정의 근거가 되어서는 안 된다.

다른 법률안들은 여기에서 규정하고 있는 집회신고에 관한 요건들을 넘어 행정청에 대한 광범위한 통보의무를 규정하고 있다(예를 들면, § 13 Abs. 2 VersG-E-BL; Art. 13 Abs. 2 BayVersG). 그러한 규정들은 집회주관자와 질서유지인 선임을 거부함으로써 사실상 집회의 자율성을 제한하는 조치의 성격을 가지고 있다. 이들 규정은 해당 법률안들에서의 체계와는 달리 신고의무가 아니라 —시간적으로도— 신고 다음에 위치하는 것이 바람직하다. 따라서 그러한 규정은 법률체계상 본래의 신고의무에 관한 조항에서 분리하여 행정청이 개별 사안에 따라 행하는 제한수권 (Einschränkungsermächtigung)의 일부분으로 규정되어야 한다(제12조 참고).

3. 긴급집회(제3항)와 우발적 집회(제4항)에 관한 새로운 규정은 —기본법 제8조에 관한 연방헌법재판소 판례[BVerfGE 69, 315 (350 f., 357 ff.); 85, 69 (75) 참조]에 따라서— 특정한 사유로 인하여 법률에 규정되어 있는 신고기한은 준수할 수 없다 하더라도 가능한 한 신속하게 신고가 이루어져야 하는 옥외집회(긴급집회)와 그 성격상 신고의무가 완전히 면제되는 옥외집회(우발적 집회)에 대해 규정하고 있다. 긴급집회에서의 신고 역시 일반적인 신고와 마찬가지로 행정청에 실제 도달할 것과 행정청에 의해 신고로서 등록될 수 있을 것을 요구한다. 신고가 제3조 제2항에 따라 전화로 이루어지는 경우에도 동일하다. 법률구성에 있어 집회자(Versammelnden)의 자율성을 존중하는 의미에서 긴급상황 및 우발적 결정의 존재 여부에 대한 판단은 집회자의 결정을 기준으로 하고 있다. 이러한 법률구성은 긴급상황 및 우발적 동기가 존재하는지 여부가 제3자의 '객관적인' 기준에 따라 판단되어야 한다는 오해를 방지한다. 그럼에도 불구하고 '우발적' 결정이 실제로도 존재하여야 한다. 만약 집회가 준비활동 등을 통해 이미 사전에 의도된 경우라면 우발적 결정은 존재하지 않는다고 해석하여야 한다.

제11조 허가면제

옥외공개집회의 경우 공적 교통에 제공되어 있는 장소의 사용에 관한 행정청의 허가는 필요하지 않다.

▌▌▌ 입법이유 ▌▌▌

I

집회법에서의 '허가로부터의 자유의 원칙(Der Grundsatz der Erlaubnisfreiheit)'은 기본법 제8조에 따른 헌법적 자유보장에 그 기반을 두고 있는바, 이 원칙은 "집회법상의 규정들과 그 규정들이 의도하는 집회에 내재하는 모든 위험들에 대한 심사를 위한 권한 있는 행정청의 이익조정에 있어,

위험방지를 내용으로 하는 다른 법률 규정들이 요구하는 특별한 허가를 받을 필요가 없다"는 것을 그 내용으로 한다(BVerwGE 82, 34 [38 ff.] betr. § 29 Abs. 2 StVO; OVG Sachsen NVwZ-RR 2002, 435 [436]; A. Dietel/K. Gintzel/M. Kniesel, Versammlungsgesetz, 15. Aufl., 2008, § 15 Rn. 7 ff. 참조). 따라서 모범초안 제1조가 의미하는 집회에 해당하지 않는다면 허가가 필요한 경우라 하더라도, 집회의 진행을 위한 것이라면 도로교통법, 도로법 또는 환경법 등에 따른 별도의 허가를 요하지 않는다. 이러한 상황은 때로 이와 유사한 다른 법률 규정에서의 개념에 빗대어 '집중효(Konzentrationswirkung)'라는 개념하에 설명되고 있으나, 이러한 설명은 적절하지 못하다. 왜냐하면 집회법에는 ―집중을 하는 방법으로― 다른 허가를 포괄할 수 있는 허가 자체가 존재하지 않기 때문이다. 그러나 다른 법률에 따른 허가요건으로서의 실체법적 요구들은 집회라 하더라도 면제되는 것은 아니며, 옥외집회의 경우 일반적으로 신고의 접수 이후에 권한 있는 집회행정청에 의한 위험상황의 심사 시에 그러한 요구들은 함께 고려되어야 한다. 즉 집회를 주최하는 자는 집회행정청만을 상대하면 되며, 경우에 따라서는 그를 통해서 집회법적 제한이 있는 ―과거에는 '부담(Auflage)'이 부과된― 결정을 받으면 되는 것이다(M. Kniesel/R. Poscher, in: H. Lisken/E. Denninger [Hrsg.], Handbuch des Polizeirechts, 4. Aufl., 2007, S. 1080 참조). 만약 이러한 효력이 연방법에서 규율하고 있는 허가요건에까지 미칠 경우, 그러한 규율에 관한 권한은 집회법에 관한 주법상의 입법권한으로부터 나온다. 연방제 개혁의 일환으로 (집회에 관한) 입법권한이 연방에서 주로 이전되었지만, 그로 인해 이러한 전통적인, 집회의 '허가로부터의 자유'라는 본질과 관련된 '집중효'가 부정되는 것은 아니다.

그러나 이 경우에도 보통사용(Gemeingebrauch)을 위해 제공된 장소의 사용에 대한 허가절차만이 면제되며, 특정 장소에 대한 불특정 다수인의 사용권(Benutzungsrecht)이 법률 또는 일반법원칙에 존재하지 않아 해당 장소에 대한 우선적 접근을 가능하게 하는 허가 등이 필요한 장소의 사용

에 대한 허가 절차까지 면제되는 것은 아니다(BVerwGE 91, 135 [136 ff.];
OVG Sachsen, NVwZ-RR 2002, 435 [436]; 상세한 내용은 집회와 관련 없는 목적으로
제공되고 있으며, 공적 도로가 아닌 숲속 묘지와 관련된 OVG Brandenburg, NVwZ-RR
2004, 844 [845] 참조).

집회법상의 개입규정들은 공공장소에서의 집회에 대해서는 변함없이
그 자체로서 배타적인, 그리고 종국적인 규정체(Regelungswerk)를 형성하
고 있으며, 이들 규정들만으로도 사익과 공익의 조정을 통해 집회의
진행에서의 공공의 안녕 보장을 위해 필요한 조치를 가능하게 한다
(BVerwGE 82, 34 [40]; H. Brenneisen/M. Wilksen, Versammlungsrecht, 3. Aufl.,
2007, S. 301). 어떠한 것이 관할 (집회)행정청에 의해 공동으로 결정될 수
있는지는 상황별로 그 행정청이 무엇을 알 수 있는지를 기준으로 한다
(보다 자세하게는 III 참조).

집회법의 종국적인 특징은 절차의 집회법적 구성에 있어서도 적용된
다. 집회법에 따른 절차는 유일한 그리고 결정적인 기준이 되어야 하며,
일부 특수한 요건들을 가지고 있는 다른 법률들의 절차법적 규정들을
배제한다(§ 13 BImSchG을 예로, BVerwG, NVwZ 2003, 750 [751]). 그럼에도
불구하고 위험방지를 위하여 때로 요구되는 집회행정청의 요청에 의한
다른 전문행정청의 행정 내부적 참여는 아무런 영향을 받지 않는다. 다
만 허가발급의 실질적인 전제조건에 관한 심사와 종국적인 결정은 집
회법상의 제한 처분 —예를 들면 소음과 관련된 '부담'— 의 형태로 집회
행정청에 위임된다(A. Dietel/K. Gintzel/M. Kniesel, Versammlungsgesetz, 15.
Aufl., 2008, § 15 Rn. 12 참조).

II

다른 법률에 따른 허가요건들의 면제('집중효')에 대해서는 현재까지의
집회법에는 명시적으로 규정되어 있지 않으나, 집회법 관련 판례들을
통해 인정되고 있다. 제11조는 주최자와 집회참가자들에게 투명성 보장
을 위하여 이러한 법적 상황을 명확하게 밝히고 있으며, 현재까지 제안

된 다른 법률안들에서는 이러한 규정의 기준이 되는 내용을 전혀 담고 있지 않았다는 점에서 미개척 분야에 첫발을 내딛은 것이라고 할 수 있다. 이 규정은 옥외집회에만 적용된다(제1조 제1항 참조). 왜냐하면 옥내집회는 공적 교통장소에서 개최되지 않으며, 따라서 기본적으로 행정법적인 허가를 요하지 않기 때문이다. 또한 신고절차와의 관련성 때문에 이 규정은 비공개집회에 대해서는 적용되지 않는다. 왜냐하면 비공개집회는 신고의무가 없기 때문이다.

III

구체적으로 살펴보면 본 법률상의 규정은 다른 법률상의 집중효에 관한 규정들의 예에 따라 '집회허가(Versammlungserlaubnis)' 또는 그 밖의 행정행위와 결부시킬 수 없는데, 왜냐하면 법률이 의미하고 있는 일반적 상황에서는 ㅡ집회의 허가면제에 관한 기본법 제8조 제1항의 기본결정으로 인해ㅡ 제10조에 따라 그러한 허가 또는 인가결정 자체가 존재하지 않기 때문이다. 주최자에 의한 집회 신고와 결부시키는 것 또한 혼란을 초래할 수 있다. 왜냐하면 ㅡ집회형성의 우발성(Spontanität)으로 인하여ㅡ 신고의무가 없는 집회 또는 긴급집회 또한 여타의 집회 관련 행정법적 규정들에 따른 허가와 관련하여 특별한 취급을 받고 있기 때문이다. 따라서 제11조는 그 문언에 따를 때, 제1조 제1항과 제10조가 의미하는 옥외집회의 구성요건과 직접적으로 결부하고 있다.

"직접적(unmittelbar)" 또는 "의도적(gezielt)"으로 집회와 관련된 허가들은 실질적으로는 권한 있는 (집회)행정청의 제한 처분과 함께 결정된다는 것은 학설과 판례의 일치된 견해이다. 무엇보다도 집회가 개최되기 위한 전제조건으로서의 도로교통법 및 도로법상의 허가는 실무적으로 의미가 있고, 판례상으로도 중요하다. 따라서 책상, 안내소, 연단(演壇) 또는 간이 화장실의 설치 및 사용 등 집회 행사를 위해 필요한 모든 보조수단의 사용의 경우와 마찬가지로 공적인 교통장소의 (집회 특수적인) 사용방법의 하나인 집회에서의 확성기 사용에 대한 허가도 면제된다(C.

Gusy, in: H. v. Mangoldt/F. Klein/C. Starck, GG, Bd. I, 5. Aufl., 2005, Art. 8 Rn. 31 참조).

이에 반해 기본법 제8조 제1항에 따른 집회의 허가면제원칙이 집회의 자유를 의도적으로 침해하는 것이 아니라(이에 대해서는 OVG Nordrhein-Westfalen, NVwZ-RR 1992, 360 [361]; J. Dietlein, NVwZ 1992, 360 f. 참조) 단지 집회의 자유를 '간접적' 또는 '반사적'으로 침해하는 허가까지 받을 필요가 없다는 것을 의미하는 것은 아니다. 허가면제의 범위를 설정함에 있어 중요한 것은 행정청이 집회 특수적인 위험상황을 심사함에 있어 무엇을 간과할 수 있으며, 권한 있는 전문행정청의 관여를 통해 무엇을 해결할 수 있는지이다. 반면 상정할 수 있는 모든 집회 특수적이지 않은 질서법 및 특별질서법상의 침해권한을 집회행정청이 갖는다고 하면, 집회행정청은 과도한 부담을 떠안게 될 것이다(같은 의견으로 BVerwGE 80, 158 [159] 참조).

제12조 행정청의 거부권
(1) 권한 있는 행정청은 처분을 행하는 시점에서 인식할 수 있는 제반 사정을 고려할 때 특정한 집회주관자를 선임하는 것이 집회의 진행에 있어 공공의 안녕을 직접적으로 위협하는 경우, 그를 부적합한 것으로 거부할 수 있다.
(2) 옥외공개집회로 인하여 공공의 안녕에 대한 위험이 야기될 우려가 있다고 판단할 실질적 근거가 있는 경우, 주최자는 권한 있는 행정청의 요구에 따라 질서유지인의 이름과 주소를 관할 행정청에 통보하여야 한다. 권한 있는 행정청은 처분을 행하는 시점에서 인식할 수 있는 제반 사정을 고려할 때 질서유지인을 선임하는 것이 집회의 진행에 있어 공공의 안녕을 직접적으로 위협하는 경우, 그를 부적합한 것으로 거부할 수 있다.

▌▌▌ 입법이유 ▌▌▌

I

본 규정은 옥외집회에서의 집회주관자 및 질서유지인의 선임에 대해 적용된다. 이 규정은 한편으로는 특히 대규모 옥외집회에서 집회를 책임 있게 주관하고, 그와 동시에 질서행정청의 대화파트너가 될 뿐만 아니라, 집회의 질서 있는 진행에 기여하는 질서유지인을 선임할 수 있는 권한을 가진 사람, 즉 집회주관자의 조직적 투입이 중요하다는 사정을 고려하고 있다. 다른 한편으로 이 규정은 집회의 질서 있는 진행에 대한 책임을 집회를 주관하고 진행하는 자에게 우선적으로 부여하고 있다(이와 같은 의미에서 제6조 제1항, 제2항 참고). 이러한 의미에서 여기서 규정하고 있는 행정청에 의한 제한가능성은 집회자의 자율성을 필요 이상으로 제한하지 않고자 하며 이를 통해 그들의 자기책임성(Selbstverantwortung)을 강화하고자 한다.

II

현행 연방집회법도 집회를 주관하고 "명예직인 질서유지인의 도움을 받는" 자, 즉 주관자의 권리와 의무에 대해 규정하고 있다. 현행 법적 상황과는 달리 모범초안 제12조는 질서유지인의 선임을 위하여 더 이상 행정청에 신청할 필요가 없으며, 명시적인 허가를 받을 필요가 없다는 점을 규정하고 있다(연방집회법 제18조 제2항은 그러하지 않다). 그러나 권한 있는 행정청은 현재까지와 마찬가지로 집회의 주관자 또는 질서유지인의 선임이 공공의 안녕을 직접적으로 위협하는 경우, 공공의 안녕에 대한 예상되는 위협을 이유로 이들을 거부할 수 있다.

III

1. 특히 모범초안은 기본법적으로 보장되는 집회 주관자의 자율성의 관점에서 증원 또는 감원 명령을 통해 질서유지인의 수를 정할 수 있는

행정청의 (논쟁 및 오용의 가능성이 높은) 권한 또한 포기하였으며, 단지 이와 관련된 통보의무만을 규정하고 있다(제10조 제2항 제4문). 이러한 점에서 최근에 여러 주에서 제시된 새로운 법률안들과는 차이가 있다.

2. 그러나 특정한 질서유지인을 선임하는 것이 공공의 안녕에 대한 위험이 될 수 있다는 점은 배제할 수 없다. 제12조 제2항은 권한 있는 행정청이 주관자에게 최종적으로 결정된 질서유지인의 정확한 신원을 요청할 수 있는 권한을 부여하고 있다(제1문). 제12조 제2항은 질서유지인의 개별적인 선임이 공공의 안녕을 직접적으로 위협할 것이라고 판단할 사실상의 근거가 존재하는 경우, 옥외집회에서의 질서유지인 선임에 대한 행정청의 제한가능성에 대해 규정하고 있다(질서유지인의 자격요건에 대해서는 제6조 제2항 참고).

제13조 제한, 금지, 해산

(1) 권한 있는 행정청은 처분을 행하는 시점에 인식할 수 있는 제반 사정을 고려할 때 집회의 진행으로 인하여 공공의 안녕이 직접적으로 위협받는 경우에는 옥외집회의 진행을 제한하거나 금지할 수 있으며, 집회가 시작된 후라면 해산할 수 있다.

(2) 금지나 해산은 제한만으로는 충분하지 않은 경우에만 허용된다.

(3) [1]공공의 안녕에 대한 직접적 위험이 제3자에 의해 야기되는 경우, 위험방지 조치는 이 자를 대상으로 하여야 한다. [2]주 또는 연방차원에서 가용경찰력을 모두 투입하더라도 직접적 위험을 방지할 수 없는 경우에는, 위험을 야기하지 않는 집회에 부담을 가하는 방법으로 제1항 및 제2항에 따른 조치들을 행할 수 있다. [3]집회의 금지나 해산은 사람의 생명이나 건강 또는 중대한 가치를 가지고 있는 물건에 대한 위험을 전제로 한다.

(4) 제한 또는 금지가 발하여질 예정인 경우, 이러한 처분들을 정당화시키는 사유들을 확인한 후 지체 없이 이를 고지하여야 한다.

(5) [1]집회가 시작된 이후에 제한 또는 해산을 고지하는 경우에는 그러한 처분의 이유를 제시하여야 한다. [2]제1문에 따른 처분에 대한 행정심판 또는

취소소송은 집행정지효(aufschiebende Wirkung)를 가지지 않는다.

(6) ¹집회의 해산이 선언되었다면 그 장소에 있는 모든 사람들은 지체 없이 떠나야 한다. ²해산된 집회를 대신하는 대체집회를 진행하는 것은 금지된다.

▌▌▌ 입법이유 ▌▌▌

I

기본법 제8조 제2항은 옥외집회에 대한 제한 권한을 부여하고 있다. 이러한 제한은 공공의 안녕을 보호하기 위한 것이며, 따라서 동시에 제3조가 규정하는 보호임무의 중요한 요소를 구성한다.

II

제13조 제1항, 제2항과 유사한 옥외집회에 대한 제한가능성은 연방집회법 제15조 제1항, 제3항, 제4항과 주 집회법 규정들에서 찾아볼 수 있다(예를 들면 작센-안할트주 집회법 제13조 제1항, 제4항, 제5항). 연방집회법 제15조 제1항이 보호법익으로 공공의 안녕 외에 공공의 질서도 언급하고 있는 것에 반하여(이와 같은 규정으로는 바이에른주 집회법 제15조, 작센주 집회법 제15조, 니더작센주 집회법 개정안 제12조, 바덴-뷔르템베르크주 집회법 초안 제17조), 모범초안 제13조 제1항과 작센-안할트주 집회법 제13조 제1항은 보호법익을 공공의 안녕에 국한하고 있다[이와 마찬가지로 경찰노조가 제안한 집회법 초안(VersG-E GdP) 제15조도 같은 견해를 취하고 있다].

최근 규정들은 조문의 구성에 있어 행정청의 개입 권한을 집회 시작 전과 후로 구분하여 규율하고 있다. 그러나 (양자에 있어 행정청이 개입하기 위한) 실질적인 요건은 동일하기 때문에 제13조는 통일된 수권을 규정하고 있다. 다만 구체적인 사례에서 규정을 적용함에 있어 위험상황이나 행정청이 취하려고 하는 처분의 비례성에 차이가 있을 수 있다는 점을 고려하여야 한다.

그러나 제13조 제4항, 제5항 제1문은 절차법적인 관점에서 처분의 시점에 따른 구분을 하고 있다. 이들 조항 및 제3항, 제6항 제2문의 내용들은 이전의 집회법 관련 규정들에서는 전례를 찾아볼 수 없다.

연방집회법 제15조 제3항과 같은 규정은 도입하지 않았다. 신고의무에 위반하거나(제10조) 신고 내용과 상이한 형태로 집회가 진행되는 경우에도 집회의 해산은 제13조 제1항과 제2항의 전제조건들이 충족되는 경우에만 고려된다(이에 관하여는 BVerfGE 69, 315 [351] 참고; 또한 EGMR, Kuznetsov gegen Russland, Urt. v. 23. 10. 2008, No. 10877/04, § 43 참고). 신고의무의 위반 또는 신고 내용과 상이한 진행 그 자체만으로는 집회 해산이 필요할 정도의 위험을 야기하지 않는다. 그럼에도 불구하고 법률에서 해산에 대한 권한을 규정한다면 비례의 원칙을 위반하는 것이다. 그러나 모범초안에서도 신고의무에 대한 위반은 제28조 제1항 제1호에 따른 질서위반행위에는 해당한다. 연방집회법 제15조 제4항이 규정하고 있는 '금지된 집회를 해산시킬 행정청의 의무'는 도입하지 않았다. 해산에 대한 결정은 오히려 행정청의 재량에 맡겨져 있다. 왜냐하면 이러한 재량의 행사 결과 집회를 해산하지 않아야 한다는 결론에 이를 수도 있기 때문이다. 예를 들면 집회를 해산하는 것이 (위험)상황을 고조시키고 따라서 새로운 위험을 야기할 우려가 있는 경우가 그러하다.

III

1. 제13조는 옥외집회와 관련하여 집회의 자유에 대한 제한의 실체법적 요건들을 규정하고 있다. 특히 집회의 제한, 금지 또는 해산이 집회의 자유에 대한 제한에 해당하며, 제14조에서 별도로 규정하고 있는 참가금지 또는 집회로부터의 배제 등도 이에 해당한다. 그러나 기본권에 대한 제한은 예를 들면 정보침해 등과 같이 다른 방법으로도 이루어질 수 있다(BVerfGE 122, 342 [368 f.] 참조). 이러한 제한에 대해서는 제16조가 특별한 수권규정을 마련하고 있다. 만약 집회과정에서 제한, 금지 또는 해산이 아닌 형태로 사실상의 침해가 행해지거나 침해적 성격을 가진 처분이 행해지는 경우에도 제13조 제1항에서의 실체법적 요건들이

동일하게 적용된다. 그 예로 행진을 경찰이 포위한 상태에서 이들과 같이 이동하는 경우가 있으며, 이는 집회의 자유에 대한 제한을 의미한다.

제1항은 제한과 금지에 대하여 공공의 안녕이라는 동일한 법익을 규정하고 있다. 그러나 금지는 집회의 자유에 대한 특히 높은 정도의 침해로서 제한에 비해 더 고도의 위험이 존재할 것을 전제한다. 다만 제한 또한 특별한 요건하에서만 행해져야 한다. 금지는 기본적으로 중대한 공동체적 법익의 보호를 위해서만 허용되며, 제한은 구체적인 사안에 있어 최소한 집회의 자유와 동일한 가치를 가지는 법익의 보호를 위해서만 허용된다(BVerfGE 69, 315 [353]; BVerfG [K], 1 BvR 2311/94 v. 21. 5. 1998, NVwZ 1998, 834 [835], Rn. 25 참조). 나아가 구체적 사정하에서 집회가 저지되지 않고 그대로 진행될 경우 집회의 자유와 대치되는, 법적으로 보호받는 이익에 대한 손해가 야기될 고도의 개연성이 존재하여야 한다는 것 또한 제한 및 금지의 요건에 포함된다(BVerfGE 69, 315 [353 f., 362]; BVerfG [K], 1 BvR 2311/94 v. 21. 5. 1998, NVwZ 1998, 834 [835], Rn. 25 ff.; 1 BvQ 49/01 v. 8. 12. 2001, Rn. 8 f.; 1 BvQ 5/02 v. 1. 3. 2002, Rn. 5; 1 BvR 2793/04 v. 19. 12. 2007, Rn. 20 참조). 이때 위험의 존재를 정당화하는 사실상의 근거가 요구된다. 단순한 의심이나 일반적인 추측만으로는 위험의 존재를 인정하기에는 충분하지 않다.

종래의 규정들이 제한통고에 대해 사용했던 '부담(Auflage)'이라는 개념은 사용하지 않았다. 왜냐하면 부담이라는 개념은 주로 행정행위에 대한 부수적 규정과 관련하여 사용되는데(§ 36 Abs. 2 Nr. 4 VwVfG 참조), 집회의 경우에는 —허가면제를 고려할 때— 부수적 규정이 부가될 수 있는 행정행위 자체가 존재하지 않기 때문이다. 권한 있는 행정청이 상황에 유연하게 대처할 수 있도록 하기 위하여, 예를 들면 경찰 조치와 그로 인해 갈등이 고조되는 것을 피하기 위하여 제1항은 위험의 방지를 목적으로 재량에 따라 행위를 할 수 있는 권한만을 규정하고 있다. 또한 평화적이지 않은 집회가 기본권적 보호를 누리지 못한다고 하여 재량권이 0으로 수축되어 처분을 행할 행정청의 의무가 당연히 인정되는 것은 아니다.

금지나 제한에 대한 정당화 사유로서 '공공의 질서에 대한 위험'은 규정하지 않았다. '공공의 질서에 대한 위험'이라는 제한사유는 과거 행정청뿐만 아니라 기본권주체에게도 많은 불확실성을 야기하였으며, 법원의 상반된 결정을 유발하기도 하였다. 이렇게 야기된 불확실성으로 인하여 기본권의 행사는 매우 어렵게 되었다. 브란덴부르크주 헌법 제23조 제2항이 공공의 질서라는 보호법익에 근거하여 집회의 자유를 제한하는 규정을 마련하고 있지 않다는 사실 또한 고려되어야 한다.

만약 공공의 질서라는 보호법익을 집회의 자유에 대한 제한을 위해 끌어들이는 것이 정당화된다면, 그 요건을 구체화하고 이를 통해 공공의 질서라는 보호법익을 공공의 안녕이라는 보호법익으로 전환시키는 것은 법적 안정성을 위한 입법자의 임무이다. 공공의 질서에 대한 침해를 이유로 한 금지 또는 제한은 지금까지 실무상 특히 극우단체들의 행진과 관련하여 행해졌다. 이러한 위협들은 복면 및 보호장구(제17조), 군사적 행위의 금지(제18조), 상징적 의미를 가지는 장소와 날짜의 보호(제19조)와 관련된 규정들을 통해서 구체적이고도 헌법적으로 용인 가능한 방법으로 고려되어 왔다. 따라서 집회법에서 공공의 질서라는 보호법익이 존속될 필요성은 더 이상 인정되지 않는다. 공공의 질서라는 보호법익을 제외한 작센-안할트주 집회법 제13조 제1항 및 경찰노조 집회법안 제15조 제1항도 이러한 판단에 근거하고 있다.

2. 제2항은 비례의 원칙을 구체화하고 있다. 제한은 일반적으로 금지나 해산에 비해 침해의 정도가 낮다. 비례의 원칙은 언제나 준수되어야 하기 때문에, 그것은 금지나 해산이 명해질 수 있는 위험이 어떠한 것인지에 대한 설명을 요구한다. 즉, 비례의 원칙이라는 관점에서 볼 때 제한만으로는 해결될 수 없는 위험이 존재하는 경우에만 금지 또는 해산이 정당화될 수 있다.

3. 직접적 위험이 제3자에 의해 야기되는 경우에는 위험방지 조치는 그를 대상으로 하여야 한다(BVerfGE 69, 325 [360 f.] 참조). 제3조 제1항은 경찰질서법에서는 일반적으로 통용되지만, 집회실무에는 항상 준수된

다고 하기 어려운 원칙을 명시적으로 강조하고 있다.

그러나 경찰상 장해를 야기한 자, 즉 경찰책임자에 대한 조치를 통해서는 위험을 방지할 수 없는 경우에는 예외적으로 "최후의 수단(ultima ratio)"으로써 법치국가원칙과 특히 비례의 원칙에 근거하고 있는 경찰긴급상황의 요건을 준수하는 조건으로 집회 또는 개별 참가자에 대한 조치를 할 수 있다. 이 규정은 제1항의 구성요건과도 연계된다.

4. 제4항은 효과적인 권리구제, 특히 긴급권리구제(Eilrechtschutz)를 위하여 제한 또는 금지를 위한 요건이 확인된다면 지체 없이 고지하여야 한다는 것을 규정하고 있다. 이와 같은 일반적 법치국가 원리를 규정하고 있는 이유는 행정청의 실무에서 집회가 임박해서야 금지나 제한이 이루어지는 경우가 많기 때문이다(BVerfGE 69, 315 [364]; 110, 77 [87] 참조). 물론 위험상황은 집회의 개최 직전에도 변화할 수 있기 때문에 행정청의 이러한 처리방식을 긍정적으로 평가하는 견해도 있다. 그러나 기다림으로 인하여 얻을 수 있는 이익과 효과적인 권리구제가 어렵게 될 위험을 비교할 필요가 있다. 현재까지의 실무는 행정법원 또는 경우에 따라서는 연방헌법재판소가 시간적 급박성에도 불구하고 집회시작 전에 긴급결정을 함으로써 권리구제가 이루어졌다. 그러나 이 경우에도 시간적 급박성으로 인해 충분한 심사를 할 수 없는 경우에는 집회에 불리한 영향을 미칠 수 있었다. 만약 행정청의 결정과 집회개최 사이에 위험상황이 현저하게 변화된다면, 행정청은 그러한 상황에 맞게 처분을 변경할 수 있을 것이다.

그러나 위험상황이 협력(제3조 제2항)을 통해 제거될 수 있을 것이라는 근거가 있다면, 행정청의 제한 또는 금지는 일단 유보되는 것이 일반적이다. 협력대화가 이미 행하여진 경우라 하더라도 그 이후 위험상황의 변화로 인하여 새로이 논의할 필요성이 있거나, 그 밖의 사유들로 인하여 협력대화를 통해 집회의 자유를 제한할 필요성이 더 이상 존재하지 않는다는 사정이 인정되는 경우도 이에 해당한다. 일반적으로 이러한 경우에는 추가적인 협력대화의 진행이 필요하다. 이를 통해 즉각적인 결정의 원칙(das Gebot unverzüglicher Entscheidung)이 준수될 수 있다.

5. 제5항 제1문은 집회가 시작된 이후에 행해지는 제한 및 해산에 관한 특수한 절차법적인 요건, 즉 —모든 참가자가 인식할 수 있도록— 처분의 사유를 알려 줄 것을 규정하고 있다. 이처럼 처분의 사유를 알려 주는 것은 상황의 객관화에 기여하고, 법적 안정성을 확보할 수 있도록 해 준다. 여기서 '처분사유의 고지'는 행정절차법 제39조에 따른 (단지) 특정한 행정행위, 특히 서면의 형식으로 행해지는 행정행위에 요구되는 이유제시와는 같지 않다. 그러한 이유제시가 어느 정도까지 요구되는지, 그리고 그것이 어떠한 것을 포함하여야 하는지는 일반 규정에 따른다.

집회가 시작된 이후 격렬한 상황하에서 행해지는 처분의 공고(Bekanntgabe, 행정절차법 제41조 참고)는 제5항 제1문에 의거하여 모든 집회참가자, 경우에 따라서는 집회 장소에 있는 제3자 또한 그 내용을 인식할 것이 담보되어야 한다(BVerfGK 4, 154 [159]; BVerfG [K], 1 BvR 1090/06 v. 30. 4. 2007, Rn. 47 참고). 이러한 것은 일반처분(Allgemeinverfügung)의 효력을 인정하기 위한 당연한 전제조건이다. 그러나 단지 주최자 또는 주관자를 대상으로 한 처분의 경우에도, 그것이 모든 집회참가자와 경우에 따라서는 그 집회 장소에 있는 제3자에 대해서도 일정한 효과를 발생하는 경우에는 참가자 또는 집회 장소에 있는 자들이 처분사실을 인지할 필요가 있다. 집회가 의도적으로 모든 참가자들이 공고 내용을 인식하는 것을 방해하는 경우에는 —예를 들면 의도적인 소음야기— 만약 집회가 그러한 대항수단을 취하지 않았더라면 처분의 내용을 이해할 수 있었을 방법으로 고지가 이루어졌다면 그것으로 충분하다.

6. 통상적인 집회법상 처분의 경우 —특히 집행정지효가 인정되지 않는 경찰관의 처분의 경우— 행정심판과 취소소송의 제기는 집행정지효를 갖지 못한다(행정법원법 제80조 제2항 제2호). 이러한 것을 모든 관계인에게 명확히 하고, 그와 동시에 이러한 효과를 경찰관이 아닌 질서행정청이 처분을 행하는 경우에도 적용되도록 하기 위하여 제5항 제2문은 집회시작 후 행해지는 모든 제한 또는 해산에 대해 행정심판 또는 취소

소송에서의 집행정지효를 배제한다고 규정하였다.

반면 최근의 개정법률안들은 집회법에서 행정심판과 취소소송의 집행정지효를 일반적으로 배제하고자 한다. 그러나 그러한 포괄적 규정을 마련할 필요성은 없다. 집회가 시작되기 이전의 처분에 대해서는 경찰관의 유예 불가능한 명령에 대한 즉시집행과 기타 사안에서의 즉시집행을 명령할 가능성(행정법원법 제80조 제2항 제1문 제2호 및 제4호)이 있는것만으로도 충분하다.

7. 제6항 제1문은 집회 현장에 있는 모든 사람들은 집회가 해산된 이후에 지체 없이 집회 장소를 떠나야 한다는 것을 규정하고 있다. 집회법이 규정하고 있는 이러한 퇴거의무가 없다면, 방지되어야 할 위험(Gefahr)이 사람들이 집회 장소에 머무른다는 것만으로도 지속될 위험성(Risiko)이 있다.

그러나 행정청이 집회법이 규정하고 있는 사유 이외의 다른 사유, 예를 들면 형사소추의 영역에서 신원확인을 위하여 또는 임박한 인적(人的) 또는 중대한 물적(物的) 손해의 방지를 위하여 집회법이 아닌 법률상의 권한에 근거하여 ―예를 들면 형사소송법 또는 집회해산 후 적용 가능한 일반경찰법에 의거하여― 특정인에게 그 장소에 머무를 것을 명령하는 경우에는 퇴거의무가 면제된다. 이에 대해서는 명시적으로 언급할 필요가 없다. 왜냐하면 집회법이 형사소송법에 대하여 특별법적 규정을 가지고 있지는 않으며, 제9조에서 집회가 해산된 이후에는 주 경찰법이 적용될 수 있다는 것을 명문으로 규정하고 있기 때문이다.

제6항 제1문은 고권적 임무수행을 위해 해당 장소에 머무르는 경찰력에 대해서는 적용되지 않는다.

8. 명확성을 위하여 제6항 제2문은 집회가 해산된 이후에 대체집회가 금지된다는 것을 명시하고 있다. 따라서 집회참가자는 ―예를 들면 해산에 대한 항의 차원에서― 해산된 집회가 추구했던 목적 또는 그러한 목적의 일부를 계속하여 추구하는 우발적 집회(제10조 제4항)에 계속 머물러서는 안 된다.

제14조 참가 또는 체류금지 및 배제

(1) 처분을 행하는 당시에 인식할 수 있는 제반 사정을 고려할 때 집회의 진행에 있어 공공의 안녕에 대한 직접적 위험이 특정인에 의하여 야기될 것이라고 판단되는 경우, 권한 있는 행정청은 옥외집회의 시작 전에 그 집회에의 참가 또는 체류를 금지할 수 있다.

(2) ¹집회에서 공공의 안녕을 직접적으로 위협하는 행위를 하는 사람, 또는 제17조 제2항이나 제18조 제2항에 따른 명령에 위반하는 사람에 대하여 집회주관자가 저지하지 않는다면, 권한 있는 행정청이 그 사람을 집회로부터 배제할 수 있다. ²집회로부터 배제된 사람은 지체 없이 집회장소를 떠나야 한다.

▮▮▮ 입법이유 ▮▮▮

I

제14조는 개인의 집회 참가 또는 체류금지, 집회에서의 배제 가능성을 규정하여 금지나 해산에 비해 집회의 자유를 제한하는 정도가 높지 않은 위험방지 조치를 할 수 있는 권한을 인정하고 있는바, 비례원칙의 관점에서 이러한 위험방지 조치가 금지나 해산보다 더 선호될 수 있다. 집회에 체류하며 위험을 야기하는 비참가자, 특히 방해금지 조항(제7조)을 위반하여 행동하는 자도 처분의 상대방이 될 수 있다.

참가 또는 체류 금지는 ―다른 모든 규정들과 마찬가지로― 집회법의 적용을 받는 집회에만 해당한다. 따라서 외국에서 개최되는 집회에 대한 참가금지는 (집회법상 규정이 아닌) 여권법과 경찰법에 따라 이루어지며, 이때에도 기본법 제8조의 의미를 고려하여야 한다.

II

이와 유사한 조항은 연방집회법에는 규정되어 있지 않다. 그러나 실무에서는 이러한 제한조치를 이른바 '마이너스 처분(Minusmaßnahmen)'으로 인정하여 허용될 수 있다고 여겨 왔다(앞의 제9조에 대한 이유 참고). 제14조

제2항과 유사한 배제권한은 예를 들면 바이에른 집회법 제15조 제2항과 연방-주 워킹그룹 집회법안 제15조 제4항에서 규정하고 있다.

III

1. 집회주관자의 집회에서의 질서 유지에 대한 책임(제6조)을 근거로 집회시작 전 준비 대책을 취할 수 있기는 하지만 그러한 조치만으로는 충분하지 않은 경우도 있다. 즉 집회주관자는 위험을 야기하는 사람에 대하여 강제수단을 사용하여 참가를 저지할 수 있는 것은 아니다. ―제14조 제1항에서도 전제하듯이― 처분을 행할 당시에 인식 가능한 제반 사정을 고려할 때 집회의 진행에 있어 공공의 안녕에 대한 직접적인 위험이 특정인에 의하여 야기된다는 것이 인정되는 경우 권한 있는 행정청에게 그 사람의 집회 참가 또는 체류를 금지하는 권한을 부여하는 것은 국가의 보호임무(제3조 제1항)에 부합하는 것이다. 여기에는 복면금지 및 보호장구금지(제17조 제2항) 또는 군사적 행위 금지(제18조 제2항)의 관철을 위하여 행해지는 명령을 위반하는 자도 포함되며, 이와 관련하여 그러한 명령의 적법성 여부는 중요하지 않다. 참가 또는 체류를 금지할 권한은 제1항이 부여한다. 비록 현장에 체류하는 비참가자가 기본권 제8조에 따른 보호를 주장할 수는 없다 하더라도, 체류를 금지하기 위해서는 집회참가를 금지하기 위한 요건과 동일한 요건이 갖추어져 있어야 한다. 그렇지 않다면 참가와 체류 간의 구분의 어려움으로 인해 실무상으로 큰 위험이 발생할 수 있다.

2. 만약 집회주관자 스스로 성공적으로 위험을 방지하고 있다면, 집회의 진행 중에 고권적 권한을 행사하는 것은 적절하지 않다. 이에 반해 집회주관자 스스로 성공적으로 위험을 방지하고 있지 못하다면, 행정청은 제2항에 의거하여 위험을 야기하는 사람을 집회로부터 배제할 권한을 행사할 수 있다. 이 경우 대상자는 지체 없이 떠날 의무가 있다(제2항 제2문).

제15조 검문소

(1) [1]무기를 소지하거나 제8조 제2호, 제17조 또는 제18조가 규정하고 있는 물건을 사용하는 것이 옥외공개집회의 진행에 있어 공공의 안녕을 직접적으로 위협한다고 인정할 만한 사실상의 근거가 존재하는 경우, 집회의 진입로에 사람과 물건을 수색하기 위한 검문소(Kontrollstellen)를 설치할 수 있다. [2]수색은 주 경찰법에 따라 행해진다. [3]검문소는 수색이 신속하게 행해질 수 있도록 설치되어야 한다.

(2) 신원확인 및 추가적인 경찰-질서법 또는 형사소송법상의 조치들은 검문소에서 제8조, 제17조, 제18조에 위반하는 행위가 행해질 우려가 있거나 형사처벌의 대상이 되는 행위가 행해질 것에 대한 사실상의 근거가 존재하는 경우에만 허용된다.

▌▌▌ 입법이유 ▌▌▌

I

다른 사전조치(事前措置, Vorfeldmaßnahmen)들과는 달리 검문소에 대해서는 집회법에 별도의 규정을 두었다(사전조치의 일반적인 내용에 대해서는 제9조 참고). 집회와 관련된 검문소의 설치는 여타의 검문소에서는 발생하지 않는 특수한 기본권적 위협 ―즉 "내적(內的, innere) 집회의 자유"(기본법 제8조에 있어서 내적 집회의 자유의 의미에 대해서는 BVerfGE 122, 342 [368] 참조)― 과 관련되며, 따라서 이러한 것은 집회법에서 직접 고려되어야 한다. 특히 최소의 정보만을 수집할 것을 요청하고 있는 정보수집 및 정보처리에 관한 규정들에 근거할 때, 집회참가 여부가 국가에 의해 기록된다는 인상을 불러일으키는 것을 방지하도록 검문소 규정을 구성할 필요가 있다(BVerfGE 65, 1 [43] 참조). 이 규정으로 인하여 제9조 제1항에 근거하여 집회와 관련된 검문소 설치를 위한 다른 권한을 일반경찰법에서 원용하는 것은 금지된다. 다만 검문을 위한 수단은 본 규정이 정하는 바에 따라 일반경찰법을 원용할 수 있다.

II

현재까지의 집회법들은 검문소에 대한 규정을 두고 있지 않았다. 집회장소의 진입로에 검문소를 설치하는 것은 단지 부분적으로만 집회와 관련된 특수한 구성요건을 규정하고 있는 일반경찰법에(예를 들면 노르트라인-베스트팔렌주 경찰법 제12조 제1항 제4호) 근거하여 행하여졌다. 그러나 집회와 관련된 검문소 설치에 관한 규정은 집회의 특수성을 고려할 때 집회법에 두는 것이 입법의 체계상 타당하다. 검문소에 관한 현재까지의 경찰법 규정들은 내적 집회의 자유의 보호에 기여하는 특별한 대책들을 마련하고 있지 않았다.

III

1. 제1항은 검문소 설치를 위해서는 집회의 진행에 있어 직접적인 위험이 존재할 것을 요구하고 있다. 특히 내적 집회의 자유를 고려하여 단순한 개별 질서위반행위가 아닌 전체 집회의 진행에 있어 위험이 예상되는 경우에만 허용되어야 한다(집회참가자에 대한 조직적인 검문에 있어 구체적 위험예측의 필요성에 대해서는 BVerfG [K], 1 BvR 2793/04 v. 12. 5. 2010, Rn. 15-26). 또한 이러한 규정은 집회와 관련하여 검문소가 일상적으로 설치되는 것을 방지하는 기능을 갖는다. 본 규정은 집회참가자에 대한 모든 조직적인 검문을 포함하는데, 이 경우 검문소가 특정한 장소에 정적으로 설치되었는지 또는 소위 '이동식 검문소(mobile Kontrollstellen)'라고 불리는 움직이는 부대에 의해 조직적인 검문이 이루어지는지는 중요하지 않다. 개별 사안에서의 구체적인 위험예측을 바탕으로 이루어지는 개별 집회참가자에 대한 검문은 제9조에 근거하여 이루어질 수 있다.

검문소는 무기금지, 보호장구금지, 복면금지조항에 위반함으로써 발생할 수 있는 위험을 방지하는 것에 기여한다. 성질상 무기(제8조 제1호)를 소지하는 것은 항상 조직적인 검문을 정당화할 수 있는 위험을 의미한다. 그러나 다른 금지규정에서 지칭하는 물건들의 경우에는 금지규정들이 적시하고 있는 상황에서 그 물건이 사용될 것이라는 사실상의 근거 또한 존재하여야 한다.

제15조는 노르트라인-베스트팔렌주 경찰법의 검문소 규정을 모델로 삼았다. 그러나 노르트라인-베스트팔렌주 경찰법 규정과 같이 검문소가 집회참가자의 일반적인 신원확인을 위한 것이 되어서는 안 된다. 수색에 대해서는 일반경찰법의 절차법상 요건들이 적용되며, 따라서 집회법상의 새로운 규정을 요하지는 않는다. 검문의 신속한 진행에 관한 규정은 검문이 지연됨으로 인하여 집회참가자들의 집회 참가가 방해받는 것을 방지하기 위한 것이다. 이는 ―특히 검문을 위한 인력을 충분히 배치하는 등― 조치의 신속한 진행을 확보할 수 있는 형태로 검문소를 설치할 것을 전제로 한다.

2. 제2항은 검문소에서 가능한 한 개인정보를 수집하거나 저장하지 않아야 함을 의미한다. 검문은 원칙적으로 '익명으로(anonym)' 진행되어야 한다. 확인이나 수색을 통하여 장래에 제8조, 제17조, 제18조를 위반할 염려가 있다는 것, 또는 범죄가 행해졌거나 행해질 것이라고 판단할 사실상의 근거가 밝혀지는 경우에만 신원확인을 통해 인적사항을 작성할 수 있다. 집회와 관련된 계획적 범죄에 가담할 우려가 있다는 이유로 수배된 사람과의 유사성도 그러한 근거가 될 수 있다. 이 경우에는 추가적인 경찰법상 조치들―특히 물건의 영치―과 제27조, 제28조에 따라 범죄행위 또는 질서위반행위를 소추하기 위한 조치들도 허용된다.

3. 범죄행위를 '우연히 발견한 경우에' 추가적인 경찰법적 또는 형사소송법적 조치를 제한하는 것은, 예를 들어 차량 검문을 통해 구급상자나 안전조끼를 구비하지 않은 사실 등 질서위반행위를 처벌하기 위해 검문소가 이용되는 것을 방지하기 위함이다. 왜냐하면 그것이 가능하다면 집회참가에 대한 위하효과(威嚇效果, abschreckende Wirkung)를 야기할 수 있기 때문이다. 집회에의 민주적 참여를 이유로 집회참가자가 일반적인 질서위반행위로 처벌받을 가능성이 높아지게 되는 리스크를 부담하여서는 안 된다. 그러나 형법상 범죄와 관련해서는 '우연히 발견한 물건(Zufallsfunden)'을 사용하는 것이 가능하여야 한다. 따라서 여행용 가방

안에서 마약이 발견되는 경우, 마약의 발견은 영치와 형사절차의 근거가 될 수 있다.

4. 이러한 사용규정은 권한법적 이유들에 반하지는 않는다. 집회와 관련된 특수한 검문소 설치에 대해 규정하는 주 입법자는 그러한 조치에 의해 획득한 정보의 사용에 관해서도 규정할 수 있어야 한다. 또한 주 입법자는 연방법이 규율하는 절차에서의 사용 또한 제한할 수 있다. 연방 입법자는 단지 주 입법자가 사용하도록 규정하고 있는 정보를 연방법적 절차에서 사용할 수 있는지 여부, 있다면 어떠한 조건하에서 사용할 수 있는지에 대하여 결정할 수 있을 뿐이다(정보보호법상 연방과 주의 입법권한이 서로 상대방의 입법권한에 영향을 미치는 것에 대해서는 BVerfG, 1 BvR 256/08 u.a., Urt. v. 2. 3. 2010, Rn. 202).

제16조 촬영, 녹음 및 그 저장[19]

(1) ¹권한 있는 행정청은 어떠한 사실이 옥외공개집회에서 또는 이와 관련하여 특정인으로부터(von der Person) 공공의 안녕에 대한 중대한 위험이 발생할 것이라는 가정을 정당화하고, 이러한 위험을 방지하기 위한 조치가 필요하다면 옥외공개집회에서 또는 이와 관련하여 그 사람에 대한 영상촬영과 녹음 및 그의 저장을 할 수 있다. ²저장은 다른 사람이 불가피하게 관계되는 경우에도 할 수 있다.

(2) ¹권한 있는 행정청은 집회의 규모 또는 조망 불가능성으로 인하여 개별 사안에 있어 필요한 경우에 한하여 경찰의 투입을 유도하고 지휘하기 위하여

---

19) [역주] 여기서의 촬영(Bild-aufnahmen)에는 비디오촬영과 사진촬영이 모두 포함된다. 한편 독일의 경우 이하의 설명에서 보듯이 'Aufnahmen'이란 단어는 말 그대로의 촬영만을 의미하는 것으로 사용되며, 촬영과 그 결과인 촬영물을 저장하는 것까지 포괄하는 의미로는 'Aufzeichnen'이란 단어를 사용하는 것이 일반적이다. 본 역서가 텍스트로 삼고 있는 '집회법 모범초안' 역시 Aufnahmen과 Aufzeichnen을 이러한 의미로 엄격하게 구분하여 사용하고 있다. 이러한 사정을 고려하여 본 역서에서는 Aufnahmen은 촬영으로, Aufzeichnen은 '저장'으로 번역한다. 즉, Aufzeichnen은 촬영 및 촬영물의 저장을 의미하지만, 단순히 '저장'이라고만 번역하기로 한다.

옥외집회 및 그 주변에 대하여 조망촬영(眺望撮影, Übersichtsaufnahmen)을 할 수 있다. ²조망촬영은 어떠한 사실이 집회, 집회의 일부 또는 집회의 주변으로부터 공공의 안녕에 대한 중대한 위험이 발생할 것이라는 가정을 정당화하는 경우에만 저장될 수 있다. ³조망촬영 또는 그의 저장의 대상이 된 사람의 신원확인은 제1항의 요건이 존재하는 경우에 한하여 허용된다.

(3) ¹촬영과 저장은 공개적으로 이루어져야 한다. ²조망촬영 및 저장을 하는 경우에는 집회주관자에게 지체 없이 그 사실을 알려야 한다. ³비공개 영상촬영 및 녹음 또는 저장은 촬영과 저장을 행하는 자의 신체의 불가침성이 침해될 우려가 있는 경우에만 허용된다.

(4) ¹대상자의 신원이 확인되었고, 허용되는 사용목적이 위협받지 않게 되었다면 제1항 또는 제2항 제3문에 의해 저장의 대상이 된 자에게 그 사실을 통보하여야 한다. ²비공개 촬영이 행해졌고 관계인에게 통보가 이루어지지 않았다면, 허용되는 사용목적이 위협받지 않게 되는 즉시 집회주관자에게 비공개 촬영이 행해진 사유를 통보하여야 한다.

(5) 촬영물은 다음 각 호의 목적을 위해서도 사용될 수 있다.

1. 집회에서의 범죄행위 또는 집회와 관련된 범죄행위에 대한 형사소추

2. 집회에서 또는 집회와 관련하여[20] 관계인으로부터 형법 위반에 대한 위험이 야기되거나, 장래의 집회에서 이 사람으로부터 다시 형법 위반에 대한 위험이 야기될 우려가 있는 경우 그 위험방지

3. 공공의 안녕에 대한 장해가 발생한 경우 경찰행위에 대한 한시적인 기록

4. 경찰 신임교육 또는 직무교육

(6) ¹촬영물은 집회 또는 시간적, 내용적으로 집회와 직접적으로 관련 있는 사건이 종료된 후에 지체 없이 폐기하여야 한다. ²다만 촬영물이 제5항에서 열거한 목적을 위해 필요한 경우에는 그렇지 않다. ³제5항의 목적을 위해 이용되는 촬영물은 그것이 권리구제 또는 사법절차의 대상이 아닌 한 촬영된 후 1년이 경과하면 폐기되어야 한다.

(7) 촬영물이 경찰 신임교육과 직무교육에 사용되는 경우, 촬영의 대상이 된

---

20) [역주] '집회에서'(bei der Versammlung)란 집회가 진행되는 동안, 즉 집회의 지속을 의미한다. 또한 '집회와 관련하여'(Im Zusammenhang mit Versammlung)란 집회의 전후(前後), 즉 집회를 위하여 모여들거나 집회를 마친 직후 떠나가는 것을 의미한다.

자의 신원을 복원할 수 없도록 삭제하는 등 교육목적에 적합한 별도의 형태로 제작하여야 한다.

(8) ¹제1항과 제2항에 의한 영상촬영, 녹음, 조망촬영물의 저장 그리고 제5항에 따른 사용의 사유는 기록하여야 한다. ²제7항에 따라 교육목적에 부합하는 별도의 형태로 제작된 경우, 제작물의 수량과 보관 장소를 기록하여야 한다.

▌▌▌입법이유▌▌▌

I

1. 이 조항은 옥외공개집회에서의 영상촬영, 녹음 및 그 저장에 관한 권한을 규정하고 있다. 영상촬영, 녹음 및 그 저장은 집회의 자유에 대한 정보상의 침해와 관련 있는바, 이는 특히 '내적 집회의 자유'에 대한 영향으로 인해 중대한 의미를 갖는다. 집회에 참가하는 것이 행정청에 의해 기록될 것이라는 사실을 고려해야만 하는 사람은 그러한 사항이 기록되지 않도록 하기 위하여 그의 기본권 행사를 포기할 우려가 있기 때문이다(BVerfGE 122, 342 [386 f.]). 본조는 한편으로는 촬영과 저장을 구분하고 있으며, 다른 한편으로는 개별 집회참가자에 대한 촬영 및 저장과 조망촬영 및 조망촬영물의 저장을 구분하고 있다. 만약 특정인으로부터 공공의 안녕에 대한 중대한 위험이 야기된다면, 촬영뿐만 아니라 저장도 허용된다. 이를 통해 이 규정은 단순한 카메라-모니터 전송이라는 의미에서의 촬영(Aufnahme)과 촬영 및 촬영물의 저장이라는 의미를 갖는 저장(Aufzeichnung)을 구분하고 있음을 분명히 하고 있다. 조망촬영은 개별 사안에서의 집회의 규모 또는 전체적인 조망의 어려움으로 인해 필요한 경우 허용된다. 이에 반하여 조망촬영물의 저장은 집회로부터 중대한 위험이 발생할 것을 전제로 한다. 이러한 개입기준(Eingriffsschwelle)의 단계화를 통하여 촬영, 저장, 조망촬영 및 조망촬영물 저장의 요건을 달리 함으로써 집회참가자에 대한 영상촬영 및 녹음

이 위험방지의 목적으로만 저장될 것을 담보하고 있다.

2. 모든 촬영과 저장은 원칙적으로 공개적으로 이루어져야 한다. 이러한 원칙은 집회주관자에게 조망촬영에 대하여 지체 없이 통보하도록 함으로써 다시 한 번 강조된다. 다만 촬영하는 사람, 즉 경찰관의 자기보호를 위해 필요한 경우에 한하여 촬영은 비공개적으로 행해질 수 있다.

3. 제4항의 통보의무 또한 촬영의 공개성에 기여한다. 더 나아가 이것은 권리구제의 가능성과 —예컨대 정보삭제 청구권과 같은— 당사자의 정보보호법상의 2차적 청구권을 보장한다.

4. 제16조의 권한은 무엇보다도 집회와 관련된 위험방지에 기여한다. 이 권한은 예방적 범죄 대응 조치는 허용하지 않는다. 다만 제5항이 허용하는 경우에 한하여 애초에는 구체적 위험방지를 위해 수집한 정보를 다른 목적으로 사용할 수 있다. 범죄행위에 대한 형사소추, 장래의 위험방지, 경찰력 투입의 기록을 위하여 촬영물을 다른 목적으로 사용할 수 있는 가능성 또한 규정하고 있다. 이러한 목적을 위하여 정보는 —권리구제나 사법적 절차를 위해 필요로 하지 않는다면— 최대 1년간 저장될 수 있다. 직무교육 목적을 위해서는 정보는 복원 불가능할 정도로 익명화하여야 한다. 익명화 조치 이후에는 직무교육 목적을 위해서는 시간적 제한 없이 사용될 수 있다.

5. 제8항은 기록의무를 통해 수집목적 및 사용목적에 대한 통제를 용이하게 한다.

II

연방집회법 제19a조, 제12a조는 단지 위험방지를 위한 촬영에 관한 규정만을 갖고 있다. 조망촬영의 경우 기본권 침해적 성격으로 인하여 특별한 법적 수권을 필요로 함에도 불구하고(BVerfGE 122, 342 [369]), 동법은 —실무에서 널리 행해지고 있는— 조망촬영에 관한 별도의 수권규정을 두지 않았다. 위험방지를 위한 촬영에 대해서는 연방집회법은 '단순한(einfach)' 위험이 아닌 ―모범초안 제16조 제1항에서와 같이― '중대한 (erheblich)' 위험을 요구하였다. 연방집회법상의 목적변경에 관한 규정들 은 한편으로는 ―목적변경이 인정되는 범위를 폭넓게 인정한다는 면에 서― 광범위하면서도, 다른 한편으로는 매우 제한적이다. 연방집회법은 촬영물을 모든 유형의 형사소추를 위하여 사용할 수 있도록 규정하고 있다는 점에서 광범위하다. 이에 반해 모범초안 제16조는 촬영물을 집 회와 관련된 형사소추만을 위하여 사용하도록 촬영물의 사용을 집회 특 수적인 것으로 제한하고 있다. 반면 연방집회법은 경력(警力) 투입기록 이나 신임교육 및 직무교육 목적을 위한 촬영물의 사용을 허용하지 않 는다는 점에서 제한적이다. 연방집회법 규정은 삭제기간을 3년으로 너 무 광범위하게 설정하였다. 이러한 촬영물은 모범초안에서는 1년의 기 간이 경과한 후에는 권리구제 또는 사법절차를 위해 이용되지 않는다면 삭제되어야 하는 의심정보(Verdachtsdaten)에 해당한다. 이 외에도 연방 집회법은 형사소송법과 질서위반행위에 관한 법률에 따른 권한은 영향 을 받지 않는다고 규정하고 있다. 그런데 이러한 규정은 주 입법자에게 는 불필요한 것이다. 왜냐하면 주 입법자는 이에 관한 입법권한을 가지 고 있지 않기 때문이다.

Ⅲ

1. 제1항은 촬영과 녹음, 그리고 그 저장의 주된 목적을 규정하고 있 다. 이러한 권한은 무엇보다도 집회참가자로부터 발생하는 위험방지에 기여한다. 촬영과 저장은 범죄자에 대해 소추가능성을 높인다는 측면에 서 위하효과를 갖는다는 점, 그리고 개별사안에 있어 추가적인 위험방 지조치의 시행 및 조정을 원활하게 한다는 점에서 위험방지에 기여할 수 있다.

본 규정은 '촬영(Aufnahmen)'과 '촬영 및 저장(Aufzeichnungen)'을 언급하 고 있다. 이를 통해 본 규정이 단순한 카메라-모니터 전송의 의미에서의 '촬영'과, 촬영 및 그의 저장을 의미하는 '촬영물의 저장'을 구분하고 있다는 것을 분명히 하고 있다. 기본적으로 두 가지 수단 모두 중대한 위험이라는 요건과 결부되어 있다. 중대한 위험은 위험에 의해 영향을 받는 보호법익의 중대성을 의미한다. 이러한 필요성은 특히 개별 집회참가자에 대한 촬영과 저장이 단순한 질서위반행위의 방지를 위해서 행해져서는 안 된다는 점을 분명히 하고 있다. 집회에서의 촬영 및 녹음, 그리고 그 저장은 당사자뿐만 아니라 다수의 잠재적 집회참가자의 '내적 집회의 자유'에 부정적인 영향을 미칠 수 있기 때문에 예외적으로만 허용되어야 한다. 집회에의 참가가 행정청에 의해 기록된다는 사실을 염두에 두어야 하는 사람은 기록을 피하기 위해 기본권의 행사를 포기할 수도 있기 때문이다(BVerfGE 122, 342 [369]).

2. 제2항은 조망촬영과 조망촬영물의 저장에 대하여 단계적인 권한을 규정하고 있다.

조망촬영은 집회의 규모 또는 전체적인 조망의 어려움으로 인해 필요한 경우에 허용된다. 그러나 조망촬영이 '내적 집회의 자유'에 대하여 부정적 영향을 미친다는 점을 고려할 때, 조망촬영의 필요성 또한 그러한 기술적 수단의 투입이 예외적으로만 허용된다는 것을 명확히 하여야 한다. 비례의 원칙의 다른 기준들 또한 적용되기 때문에 조망촬영은 그 방법적인 측면에서 상당하여야 한다(상당성). 따라서 가능하면 집회에 참가하는 것을 주저하는 효과, 특히 위축효과가 발생하지 않는 방법으로 행해져야 한다.

조망촬영물의 저장은 집회 또는 집회의 일부로부터 중대한 위험이 야기되는 경우에만 허용되어야 한다. 제2문을 통하여 조망촬영과 그 저장이 집회 일부분과 관련 있는 경우에도 가능함을 명확히 하고 있다. 최근의 기술수준에 따라 통상 조망촬영이 개별 참가자의 신원확인 또한 가능하게 하기 때문에(BVerfGE 122, 342 [369] 참조) 제3문은 조망촬영물에 근거한 신원확인을 제1항의 요건과 결부시키고 있다.

3. 제3항 제1문은 '공개정보수집(offene Datenerhebung)'을 원칙으로 한다는 것을 규정하고 있는바(BVerfGE 122, 342 [373]), 이는 정보보호법의 일

반원칙과도 부합된다. 조망촬영과 관련된 정보수집의 공개성은 제2문에서 조망촬영을 행하는 경우 집회주관자에게 지체 없이 그 사실을 알려 주어야 한다는 것을 통해 강조하고 있다. 조망촬영은 대규모, 그리고 조망이 불가능한 집회에 대하여 행해지기 때문에, 공개촬영의 경우에도 집회참가자들이 인식하지 못할 수 있다. "지체 없이 알려 주어야 한다"는 표현은 한편으로는 주관자에 대한 통보가 조망촬영이라는 수단의 투입과 시간적으로 근접하여 이루어져야 한다는 것을 담보하고 있다. 그러나 다른 한편으로는 주관자에 대한 통보로 인하여 조망촬영이 그 효과를 해칠 정도로 지체되어서는 안 된다는 점을 확인하고 있다. 제3문에 따라 비공개 촬영은 공무원의 자기보호를 위하여 필요한 경우에만 허용된다.

4. 제4항은 촬영의 대상이 된 사람에 대한 통보의무를 규정하고 있다. 일반적으로 공개정보수집은 정보보호법의 일반원칙에 따라 당사자에게 정보수집에 대해 고지할 것을 요구한다(B. Pieroth/B. Schlink/M. Kniesel, Polizei- und Ordnungsrecht, 5. Aufl., 2008, § 13 Rn. 10; T. Petri, in: H. Lisken/E. Denninger [Hrsg.], Handbuch des Polizeirechts, 4. Aufl., 2007, Kap. H Rn. 165, 198). 그러나 집회 중에 이루어지는 별도의 고지의무(Hinweispflicht)는 현실적이지 않다. 따라서 참가자에 대하여 정보수집이 공개적으로 행해진다는 것, 즉 경찰의 행위가 바로 인지될 수 있는 것만으로 충분하다. 그러나 이것만으로는 조망이 곤란한 집회상황에서는 촬영의 대상이 되는 사람이 촬영에 대해 실제 인지하는 것을 담보할 수 없다. 또한 대상자는 촬영물이 저장되는지 여부까지는 알 수 없다. 따라서 그들의 권리구제의 가능성을 보장하기 위해서는 만약 촬영물이 저장되거나 사진에서 그들의 신원이 확인된다면 그들에게 통보해 주는 것이 합당하다. 따라서 본 규정은 집회상황에서 정보수집의 공개성을 당사자들에 대해서도 보장하는 어려움을 보완하고 있다. 본 조항은 행정청이 단지 통보의무를 이행하기 위하여 촬영된 사람의 신원을 확인하여야 할 의무까지는 포함하지 않고 있다. 왜냐하면 이러한 것은 당사자에 대한 정보적 침해를 불

필요하게 심화시킬 위험을 내포하고 있기 때문이다.

제2문은 집회주관자에게 비공개 촬영의 사유를 통보할 의무를 규정하고 있다. 본 조항은 특히 사법적 통제 가능성이 당사자에 대한 통보의 결여로 배제될 수 있는 상황에서도 비공개 촬영에 대한 사법적 통제를 보장하는 것에 기여한다.

5. 제5항 제1호와 제2호는 형사소추 및 위험방지를 위한 '정보의 목적변경'을 허용하고 있다. 그러나 목적변경은 변경된 목적 또한 기본적으로 집회와 특수한 관련성이 있어야 한다는 것을 통해 그 한계가 설정된다. 본 규정에 의해서는 정보의 목적변경만 허용되며, 형사소추와 위험방지를 위한 정보사용은 각각의 법률에 따라 이루어진다. 제3호는 집회에 있어 위험이 실현되었을 경우에 경찰력 투입의 기록을 위한 정보의 사용을 허용하고 있다. 이러한 기록은 특히 권리구제수단에 있어서 사실관계의 규명을 위해서도 사용될 수 있다. 제4호는 신임교육 및 직무교육 목적을 위한 정보의 사용을 허용하고 있다. 집회에 대한 전문성 있는 공무원의 투입은 무엇보다도 양질의 신임교육 및 직무교육에 달려 있다. 이는 모든 관련자의 이익을 위한 것이다(사용규정에 관한 주의 입법권한에 대해서는 제15조에 대한 이유 III. 4. 참고).

6. 제6항은 위험방지의 목적을 달성하는 즉시 촬영물을 지체 없이 삭제할 것을 규정하고 있다. 다만 제5항 제1호에서 제3호에 따른 목적을 위해 필요로 하는 경우에는 삭제하지 않을 수 있다. 그러나 이 경우에도 촬영물이 1년 내에 권리구제 또는 사법절차를 위해 필요로 한 경우가 아니라면, 최대 1년까지만 저장이 허용된다. 기본적으로 촬영물은 의심정보에 해당한다. 본 규정은 1년이라는 기간 동안 형사절차 등에서 의심정보를 사용할 충분한 기회를 부여하였음을 근거로 한다. 만약 형사절차가 개시되지 않았다면, 단지 규명되지 않은 의심만을 근거로 1년 이상 당사자에 대하여 사용되어서는 안 된다. 또한 집회에서의 처분은 거의 예외 없이 권리구제절차에 대한 통지 없이 행해지기 때문에 실무상 집회에서의 행정행위에 대한 권리구제수단의 기간은 행정법원법 제58조

제2항에 의거하여 통상 1년이다. 따라서 본 규정은 권한 있는 행정청의 처분에 대한 심사를 위해 촬영물을 사용하는 것도 가능하게 한다.

7. 제7항은 신임교육 및 직무교육을 위하여 촬영물을 별도의 형태로 제작할 것을 요구함으로써, 익명화된 촬영물이 촬영대상자의 신원을 확인할 수 있는 형태로 다시 복원될 수 없도록 하기 위한 기술적 규정을 마련하고자 하였다. 복원할 수 없도록 익명화된 후에야 비로소 정보는 시간적으로 제한 없이 신임교육 및 직무교육을 위해 사용될 수 있다. 시간적으로 제약 없이 사용할 수 있기 때문에 실무적인 관점에서도 익명화 노력의 가치가 있다.

8. 제8항은 권한행사 및 정보사용에 대한 사후 심사를 수월하게 한다. 기록의무는 보다 나은 내부적인 ─예를 들면 정보보호법적인 또는 직무감독법적인─ 통제를 가능하게 한다. 또한 기록을 통해 권리구제 및 사법절차에서 정보수집의 합법성에 대한 확인을 더욱 용이하게 할 수 있다. 이 규정은 행정청에게 명령의 근거를 제시하고 설명하도록 강제함으로써 구체적인 상황에 대한 분석 없이 ─예를 들면 단지 포괄적인 경험적 판단만을 근거로─ 권한을 사용하지 않도록 하는 것에 기여한다.

제17조 복면 및 보호장구금지
(1) 옥외집회에서, 또는 이와 관련하여 다음 각 호의 물건을 휴대하는 것은 금지된다.
1. 신원은닉에 적합하고 주위의 사정을 고려할 때 범죄행위 또는 질서위반행위의 소추를 위한 신원확인을 방해하기에 적합한 물건
2. 보호장구로 사용하기에 적합하고 주위사정을 고려할 때 고권력 주체의 집행조치를 방지하기 위한 물건
(2) 권한 있는 행정청은 이러한 금지의 목적을 달성하기 위하여 제1항에 따라 휴대가 금지된 물건이 명시되어 있는 명령을 하여야 한다.

▮▮▮ 입법이유 ▮▮▮

I

　제3조 제1항에서 규정되어 있는 국가의 보호의무는 권한 있는 행정청에게 집회의 진행을 지원하고, 집회를 방해로부터 보호하고, 집회 자체 또는 비참가자로부터 발생하는 위험을 방지하기 위한 권한을 부여하는 보완규정을 전제로 한다. 복면 및 보호장구의 금지(Vermummungs- und Schutzausrüstungsverbot)는 질서행정청의 신원확인 및 행정강제 조치의 집행에 기여한다. 그러나 이러한 수권규정을 적용함에 있어서 익명성과 집회에 참가함으로써 발생할 수 있는 신체적 손상으로부터의 보호를 담보하는 것이 집회참가자의 입장에서는 기본권 실현을 위한 정당한 방책일 수 있다는 점도 함께 고려하여야 한다. 집회법은 ―예를 들면 정치적으로 논란이 되는― 집회에서 자신의 신분을 감추거나, 신체적 손상을 막기에 적합한 의복을 통해 다른 집회참가자나 집회를 방해하는 제3자에 의한 신체적 손상으로부터 자신을 보호하고자 하는 모든 사람을 경찰이 대처할 위험요소라고 가정해서는 안 된다.

　오히려 제17조의 금지는 엄격하게 이해되어야 하고, 내용적으로 신원은닉이나 보호장구의 유형이 더 이상 기본권적으로 보호될 수 없을 정도의 사례에만 국한하여야 한다. 조문에서 언급하고 있는 집회와 관련하여 행해진 범죄행위 또는 질서위반행위의 소추를 곤란하게 하거나 불가능하게 하는 경우, 또는 공공의 안녕의 보호를 위한 고권적 집행조치를 방해하기 위한 경우가 '더 이상 기본권의 내용으로 보호될 수 없는 사례'에 해당한다. 이 경우 신원은닉과 보호장구는 국가의 보호의무 이행을 어렵게 하거나 불가능하게 하기 위한 것으로 이해할 수 있다. 따라서 그러한 행위에 대해 조치를 취하는 것은 기본법 제8조의 집회의 자유를 보장하는 것에 기여하고, 비례의 원칙이라는 관점에서도 적절하다. 이러한 조치들은 범죄행위 또는 질서위반행위를 저지르는 사람의 신원확인, 사후적 제재, 그리고 경우에 따라서는 추후에 발생할 수 있는 사건에서의 위험방지를 용이하게 한다. 사후적으로 제재가 가해질 수 있다는 것에 대한 예상은 법위반을 포기하게 만드는 동기를 제공할 수 있다.

구성요건의 불가피한 개방성(unausweichliche Offenheit), 즉 규정의 성격상 구성요건을 상세하게 규정하는 것의 어려움을 고려할 때 복면 및 보호장구 금지의 목적을 관철하기 위해서는 그를 구체화하는 행정청의 명령을 필요로 하며, 이를 통해 당사자는 어떻게 하면 금지를 위반하지 않을 수 있는지를 알 수 있게 된다. 행정청의 명령을 위반하는 경우 제15조 제2항에 따라 집회로부터의 배제가 명해질 수 있다.

II

모범초안의 규정과 유사한 금지 규정은 연방집회법 제17a조와 각 주의 집회법 규정들(예를 들면 바이에른주 집회법 제16조, 작센주 집회법 제17a조, 작센-안할트주 집회법 제15조)에서 찾아볼 수 있다. 그러나 이러한 규정들은 부분적으로 보호무기(Schutzwaffen)라는 오해를 야기할 수 있는 개념을 사용하고 있으며(예를 들면 바이에른주 집회법 제17a조 제1항), 구성요건적 측면에서 볼 때 금지되는 범위가 본 초안 제17조에 비해 광범위하다. 예를 들면 바이에른주 집회법 제17a조는 신원확인을 곤란하게 만드는 모든 수단을 포함하고 있다. 물론 금지의 예외를 규정하는 경우도 있다(연방집회법 제17a조 제3항 제2문). 그러나 이러한 규정은 집회참가자들이 집회에서의 신원보호(Identitätsschutz) 또는 신체적 손상으로부터 자신을 보호하는 것을 기본적으로 위법하다고 간주하고 있다. 이는 기본법이 추구하는 자유 이념에 부합하지 않는다.

III

1. 제17조는 참가자들이 집회에서의 복장에 대해 스스로 결정하는 것 또한 집회의 자유에 포함된다는 점을 전제하고 있다. 이러한 것에는 기본적으로 익명화를 가능하게 하는 물건뿐만 아니라, 제3자에 의한 신체적 손상으로부터 자신을 보호하는 물건의 휴대도 포함된다. 그럼에도

불구하고 그러한 물건을 휴대할 권리가 무제한적으로 보장되는 것은 아니다. 물론 이러한 물건의 휴대 금지는 법익보호를 위하여 필요한 것에 국한되어야 하며, 또한 상당한 것이어야 한다. 제17조의 상세한 규정은 이러한 취지에 부합한다. 이와 동시에 과거에는 집회법상 규정되어 있던 공공의 질서라는 보호법익에 근거하여, 제17조에서 규정하고 있는 것을 내용으로 하는 명령을 하였으나, 이제는 더 이상 그럴 필요가 없다. 제17조의 금지를 위반하는 것은 그 자체로서 공공의 안녕을 침해하는 것이기 때문이다.

a) 자신의 신분을 노출하지 않고 집회에 익명으로 참가할 필요성이 있을 수 있기 때문에 ―예를 들면 고용주에 의한 제재 또는 집회 참가로 인해 드러난 정치적 견해를 국가가 파악하게 되는 것에 대한 두려움으로 인하여― 예외 없이 복면을 금지하는 것은 기본권 보호의무에 반한다. 허가유보부 금지(Verbot mit Erlaubnisvorbehalt) 또한 집회의 자유에 대한 포괄적 제한으로서 정당화될 수 없다. 그러한 개념이 기본법 제8조 제1항이 보장하고 있는 집회의 허가금지에 반하는지 여부는 차치하고라도 법률규정이 그렇게 형성된다면, 그것은 이미 기본권 제한의 필요성 및 상당성을 충족하지 못한 것이 된다. 익명성에 대한 정당한 이익을 가지고 있는 개별 집회참가자가 ―복면이 금지되는 것을 전제로― 복면을 하기 위해서 예외적으로 신청에 따른 허가가 있어야 한다면, 국가와의 관계에서 당연히 인정되어야 할 익명성이라는 법익의 실현이 경우에 따라 불가능하게 될 수도 있다.

b) 그러나 특정인이 복면을 통한 익명성하에 집회 전, 집회의 진행 중 또는 집회 후에 ―침해 시 당연히 국가에 의한 조치의 대상이 되는― 어떠한 법익의 침해를 야기하기 위한 목적을 가지고 있는 경우에는 옥외집회에서의 복면금지는 정당화될 수 있다. 당사자의 신원을 확인하는 것이 위험방지를 위한 조치에 있어 꼭 필요한 것은 아니지만, 범죄행위나 질서위반행위의 소추를 위한 조치에 있어서는 불가피하다. 왜냐하면 범죄행위나 질서위반행위의 소추는 신원파악 없이는 행해질 수 없기 때

문이다. 그러한 상황에서 신원은닉을 목적으로 하는 물건의 휴대를 집회 장소로 이동하는 경로에서 이미 금지하는 것은 집회의 자유의 보호에 기여한다. 집회를 행하는 시점에 이르러서야 비로소 금지하는 것은 —비록 실질적으로는 그 가능성이 전적으로 배제되지 않는다 하더라도— 일반적으로 상당히 어렵기 때문이다.

c) 소위 보호장구의 휴대에 대해서도 특수한 사정에 따라 세분화되어야 한다. 일반적인 경험에 따를 때 모든 집회가 평화적으로 진행되는 것은 아니다. 그리고 평화적인 집회에서도 개별 참가자의 폭력행위가 발생할 수 있다. 따라서 집회에 참가하는 것은 평화롭게 행동하고자 하는 집회참가자에 대해서도 어느 정도의 부상위험을 내포하고 있다. 이에 적당한 의복 등을 통해 다른 집회참가자나 제3자에 의하여 신체적 손상을 입게 될 위험을 감소시킬 권리 또한 집회참가자들의 집회의 자유에 포함된다. 따라서 이러한 물건들을 "무기"(또는 보호"무기")라고 칭하는 것은 바람직하지 않다.

물론 처음부터 비평화적으로 행동하고자 하는 사람이나, 집회의 진행경과에 따라서 비평화적으로 행동할 가능성이 있는 사람들이 경찰의 조치로부터 자신을 보호하기 위한 장비를 휴대한다는 것 또한 경험에 부합한다. 보호장구를 휴대한다는 것은 폭력적 행위로 나아갈 준비를 하고 있다는 사실에 대한 근거가 될 수 있으며, 그로 인해 법익보호를 위한 경찰의 조치를 방해하거나 불가능하게 할 수도 있다. 따라서 그러한 장구가 고권력 주체의 집행조치를 방해하기 위한 것이라면, 집회참가자들이 그러한 장구를 사용하는 것을 금지하는 것이 국가의 보호임무에 부합한다. 집회장소로 이동하는 경로에서부터 이러한 물건들을 휴대하는 것을 금지시키는 것 또한 집회의 자유의 보호에 기여한다. 왜냐하면 집회 중에 이러한 금지를 관철하는 것은 어렵기 때문이다.

2. 그러나 법률로 복면금지와 보호장구 금지에 대해 규정할 때에는 휴대하고 있는 물건이 그 성질상, 그리고 추가적으로 요구되는 주관적인 요소로 인하여 금지되는 물건에 해당하는지 여부가 항상 쉽게 규명될

수 있는 것은 아니라는 점 또한 고려되어야 한다. 따라서 법치국가적인 관점에서(명확성, 법적 안정성) 개별사안에서 금지를 구체화하는 명령을 하는 행정청의 권한이 중요한 의미를 가진다(행정행위를 통한 구체화의 법치국가적 의미에 관해서는 BVerfGE 122, 342 [364 f.] 참조). 즉 구체적인 명령을 통해 어떠한 물건이 휴대가 금지되는 물건에 해당하는지를 집회참가자가 인식할 수 있도록 하여야 한다(제2항). 그러한 구체화 없이는 행정강제조치를 포함한 금지의 관철을 위한 제한조치는 허용되지 않는다. 명령이 준수되지 않은 경우 강제수단을 통하여 의무이행을 확보하는 것이 불가능하거나 갈등 증대 위험으로 인해 그러한 수단이 적합하지 않은 경우에는 제15조 제2항에 따라 그 사람을 집회참가로부터 배제하는 것도 고려될 수 있다. 이 경우 명령의 적법성은 중요하지 않다. 왜냐하면 명령의 적법성에 대한 규명은 후속적인 사법적 절차에서 이루어져야 하기 때문이다.

3. 질서위반행위를 이유로 한 과태료는 ―연방집회법 제29조 제1항 제1a호와는 달리― 금지위반 그 자체에 대해서는 규정하고 있지 않고, 제17조 제2항에 따라 발해진 집행 가능한 명령을 위반한 경우에 대해서만 규정하고 있다(제28조 제1항 제6호). 다만 이 경우 명령은 적법한 것이어야 한다. 따라서 행정청의 개별적 명령을 통해 당사자가 무엇이 금지에 대한 위반인지를 인식한 경우에만 질서위반행위가 성립할 수 있다.

제18조 군사적 행위의 금지

(1) 옥외집회가 다음 각 호에 규정되어 있는 외견(外見)으로 인하여 폭력성을 드러내고, 이를 통해 위협적 효과를 가져오는 경우에는 그 집회를 주최하거나, 주관하거나, 그것에 참가하는 것이 금지된다.

1. 제복, 제복의 일부 또는 제복과 유사한 의류

2. 준군사적 행동 또는 이와 유사한 방법

(2) 권한 있는 행정청은 이러한 금지를 관철하기 위하여 금지되는 물건 또는 행위유형이 명시된 명령을 하여야 한다.

▌▌▌ 입법이유 ▌▌▌

I

연방헌법재판소는 공격적이고 선동적이며, 특히 나치의 폭력적 지배의 공포를 불러일으키는 집회참가자의 행위, 즉 폭력시위 내지 잠재적으로 폭력적인 분위기를 전달하고 위협적인 효과를 유발하는 집회참가자의 행위를 방지하기 위하여 집회의 자유를 제한할 수 있음을 수차례에 걸쳐 판시한바 있다(BVerfGE 111, 147 [157] unter Verweis auf mehrere Kammerentscheidungen). 제18조는 위협금지에 대해 규정하고 있으며, 특히 '제복착용 금지(Uniformverbot)'를 '군사적 행위 금지(Militanzverbot)'와 결부시키고 있다. 이를 통해 군사적 행위 금지에 대한 위반은 공공의 안녕을 침해한다는 것을 명확히 하고 있다. 따라서 이러한 행위에 대한 제재를 위하여 공공의 질서라는 보호법익을 원용할 필요성은 더 이상 존재하지 않게 되었다. 만약 이에 상응하는 행위유형이 형사처벌의 대상이 된다면 ―예를 들면 반헌법적 단체의 표지 사용(형법 제86a조)― 그것은 이미 그 자체로서, 즉 제2항에 따른 선행 명령이 없이도 공공의 안녕에 대한 침해를 이유로 저지될 수 있다. 제18조는 다른 범죄의 구성요건을 충족하지 않는 군사적인 행동 또한 포함한다.

II

연방집회법 제3조는 제복착용 금지에 대해서는 규정하고 있지만, 여기에서 한 걸음 더 나아간 위협금지(Einschüchterungsverbot)는 포함하고 있지 않다. 이에 반하여 주 집회법 규정들 또는 법률안들에서는 두 가지 내용 모두를 찾아볼 수 있다. 부분적으로는 군사적 행위 금지라는 개념을 사용하기도 한다(Art. 7 BayVersG, § 7 LVersG-E BW 참조).

III

1. 군사적 행위 금지는 제3자의 보호에 기여한다. 그러나 위협효과를

가져오는 행위 자체를 일반적으로 금지된다고 선언하는 것은 법치국가적 요청에 부합하지 않는다. '위협의 개념(Einschüchterungsbegriff)'은 그 자체만으로는 충분히 명확하지 않으며, 따라서 위협의 개념을 적용하는 것은 오용의 문제를 야기하기 쉽다. 이에 제18조는 그 밖의 구체적인 구성요건적 요소를 규정하고 있으며, 법적안정성을 위하여 금지되는 물건들과 행위유형이 행정청의 명령에서 구체화되어야 함을 추가적으로 규정하고 있다.

군사적 행위로 금지되는 것은 —복장을 포함한— 위협적 효과를 가지는 방법을 통하여 나치의 폭력적 지배의 기억을 불러일으키기에 적합한 유형의 행위이다. 그러나 집회와 관련 있는 커뮤니케이션의 내용 그 자체가 금지의 이유가 되어서는 안 되며, 또한 특정한 제복이나 의복이 갖는 상징적 효과 그 자체가 금지의 이유가 되어서도 안 된다. 반면 특정한 내용을 전달하는 것을 넘어서 특정한 외관을 결정하는 방법으로 —즉 집회 참가자 모두 또는 상당수가 제복을 착용하거나 준군사적 행동을 함으로써— 제3자에게 커다란 공포를 야기하거나, 이와 유사한 외관을 띠는 방법으로 폭력성을 드러내는 행동을 함으로써 위협적 효과를 야기하는 행위는 금지되어야 한다.

그러나 집회의 특징인 '물리적인 존재(physische Präsenz)'(BVerfGE 69, 315 [345] 참조) 또는 집회에서 자신들의 의사를 표출하는 전형적 행위유형들, 예를 들면 공동으로 구호를 외치거나 성명서를 낭독하는 것(이에 대해서는 BVerfG [K], 1 BvR 2793/04 v. 19. 12. 2007, Rn. 38 참조)과 관련된 효과만으로는 군사적 행위의 금지에 대한 위반이라고 하기에는 충분하지 않다. 오히려 그것보다 명백히 더 나아간, 외관상 폭력성을 드러내는 행위가 인정될 것이 요구된다.

2. 법치국가적인 명확성의 원칙은 금지되는 행위의 유형 및 휴대 물건에 대해서도 행정청의 명령을 통한 금지의 구체화를 요구한다(제2항). 만약 행정청의 명령을 통해 문제되는 유형의 행위가 중단되거나, 금지되는 물건을 집회에서 휴대하지 않도록 하는 결과가 달성된다면 집회는

계속 진행될 수 있다. 단지 몇몇 사람이 행정청의 명령을 위반하는 경우에는 제14조 제2항에 따라 그들만을 집회로부터 배제할 수 있다. 이러한 방법을 통해서도 군사적 행위 금지를 관철하지 못할 경우에는 제13조에 따라 집회를 금지하거나 해산할 수 있다.

3. 군사적 행위 금지 위반은 질서위반행위로서 처벌될 수 있다(제28조 제1항 제7호).

제19조 상징적 의미를 가지는 장소와 날짜

(1) ¹권한 있는 행정청은 다음의 경우에 옥외집회의 진행을 제한 또는 금지하거나, 집회의 시작 후에 해산할 수 있다.

1. 집회가 역사적으로 중요한 의미를 갖는 기념지역으로서 나치의 폭력적이고 자의적인 지배하에서 인간의 존엄에 반하는 처우를 받았던 희생자를 상기시키는 장소에서 개최되거나, 나치의 폭력적이고 자의적인 지배하에서 인간의 존엄에 반하는 처우를 받았던 희생자를 추모하는 날짜에 개최되는 경우, 그리고

2. 처분을 행할 당시에 인식 가능한 제반 사정을 고려할 때 집회를 통해 나치의 폭력적이고 자의적인 지배가 승인, 찬양, 정당화되고 이를 통해 공공의 평온이 침해받을 것이라는 직접적인 위험이 존재하는 경우

²제1문에 따른 장소와 그 장소적 경계는 이 법률의 별표에서 규정한다. ³제1문에 따른 날짜는 1월 27일과 11월 9일이다.

(2) 집회의 금지나 해산은 제한만으로는 충분하지 않은 경우에만 허용된다.

▌▌▌ 입법이유 ▌▌▌

I

본 규정은 나치의 폭력적이고 자의적인 지배를 승인, 찬양 또는 정당화하기 위해 기념지역 또는 기념일의 특별한 상징적 내용을 경멸하거나

악용함으로써 공공의 평온을 해하는 ─집회를 통해, 그리고 집회에서 표명된─ 의사표현을 대상으로 한다.

II

본 조항은 2005년 3월 24일 제정된 「집회법과 형법 개정에 관한 법률」(연방법률관보 I 969쪽)을 통해 연방집회법(연방집회법 제15조 제2항)에 도입되었고, 주집회법의 새로운 규정(예를 들어 Art. 15 Abs. 2 Nr. 1 BayVersG; § 13 Abs. 2 und 3, § 14 VersG LSA; § 12 Abs. 2 Nr. 1 NVersG-E; § 15 Abs. 2 SächsVersG)에 모범으로 작용한 규율에 근거하고 있다. 이 조항들은 정치적 극단주의 세력에 의해 허가되지 않는 방법으로 경멸시되거나, 악용되거나, 의미가 훼손되어서는 안 되는 집회장소(§ 15 Abs. 2 BVersG) 또는 집회날짜의 특수한 상징성에 관한 것이다. 이러한 조항들은 특정한, 특별히 규정된 요건 하에서 집회의 금지, 제한, 또는 해산에 대한 행정청의 권한을 규정하고 있다. 이러한 특수한 침해권한의 보호법익은 무엇보다도 나치의 폭력적이고 자의적인 지배로 희생된 사람들의 존엄이다. 한편 일부 주의 규정들은 이러한 수준을 상회하기도 한다.

III

1. 제19조는 (반드시 공개적일 필요는 없는) 옥외집회에서 또는 옥외집회를 통해 표현되는, ─그것이 나치의 폭력적이고 자의적인 지배를 승인, 찬양, 또는 정당화하는 한─ 특정한 장소 또는 날짜에 표현하는 것이 허용되지 않는 의사의 내용에 관한 것이다. 따라서 그러한 의사표명은 집회에 대한 개입을 통해서 저지될 수 있다. 연방헌법재판소는 분지델(Wunsiedel)[21]에서의 헤스(Heß)[22] 추모행사 금지에 관한 결정(BVerfGE

---

21) **[역주]** 분지델(Wunsiedel)은 독일 바이에른주에 있는 작은 도시로, 2017년 현재 상주 인구수는 1만명을 넘지 못하고 있다.

22) **[역주]** 루돌프 헤스(Ruolf Heß, 1894~1987)는 아돌프 히틀러의 부관(副官)으로서 나치 독일의 부총통을 역임했던 인물로, 이러한 전력 때문에 뉘른베르크 전범재판에서 종

123, 300)을 통해 형법 제130조의 국민선동금지죄를 합헌적으로 해석하면서, 금지의 구성요건이 비록 의사표현의 '내용'과 관련되는 경우에도 헌법상 보장되는 의사의 자유에 대한 제한이 가능하기 위한 조건들을 명시하였다. 법원은 해당 결정에서 국가는 의사의 중립성(Meinungsneutralität)을 준수하여야 한다는 것, 따라서 금지규범을 정치적 시류(時流, Strömungen)나 세계관, 또는 견해나 신념과 결부시키는 것은 엄격히 금지된다는 점을 명확히 하였다. 이를 「의사를 대상으로 하는 특별법 금지의 원칙(Verbot von meinungsgerichtetem Sonderrecht)」이라고 한다. 이러한 원칙은 극우주의 또는 나치주의적 사상에 대해서도 적용된다(BVerfGE 124, 300 [330 f.]; 그 밖에도 BVerfG [K], 1 BvQ 32/03 v. 5. 9. 2003, NVwZ 2004, S. 90 [91] 등의 판결이 있었으며, 최근 다시 한 번 연방헌법재판소의 결정이 있었는바, 이에 관하여는 BVerfG [K], 1 BvR 369/04 v. 4. 2. 2010, Rn. 22, 24). 이 판례에 따르면 나치 정권하에서 있었던 조치들에 대한 모든 긍정적 평가가 일반적으로 금지되거나, 중대한 상징성으로 인하여 나치 시대를 상기시키는 날짜, 장소 또는 형식과 긍정적으로 결부시킨다는 것만을 이유로 무조건 금지되어야 하는 것은 아니다(BVerfGE 124, 300 [333 f., 337 f.]). 여기서 한걸음 더 나아가 연방헌법재판소는 특정 신념을 금지하는 것은 기본법 제5조 제2항의 명예권이라는 한계를 통해서도 정당화될 수 없다는 점을 분명히 하였다(BVerfGE 124, 300 [326 f.]).

반면 연방헌법재판소는 역사적이고 구체적인 나치의 폭력적이고 자의적 지배에 대한 찬양에 대해서는 앞서 언급한 특별법 금지(Sonderrechtsverbot)의 예외를 인정하였다. 이러한 전체주의적이고 인간을 멸시하는 정권을 거부하는 것은 독일연방공화국의 국가질서의 정체성(正體性)을 특징짓기 때문이다. 즉 역사적 사실인 나치의 불법적 지배를 옹호하는 것은 공동체의 정체성에 대한 공격을 의미한다. 따라서 나치의 불법적 지배를 옹호하는 것은 ―형법 제130조 제4항을 통해 형벌의 대상

___

신형을 선고받았다.

이 되는 것으로서— '옳다고 생각하는 것(Für-richtig-Haltens)'이라는 정신적인 영역에 귀속되어서는 안 되며, 법질서에 의해 의도적으로 극복되어야 할 잠재적이고, 일반적으로 특수하고, 해악적인 효과를 가지는 것이다(BVerfGE 124, 300 [330 f., 335 f.]).

2. 제19조의 규정은 이러한 연방헌법재판소 판례에서 제시한 기준들을 지향하고 있다. 동조는 —그것이 갖는 중대한 상징성 때문에 나치의 불법지배를 상기시키는 의미를 갖는 장소의 주변 또는 그에 준하는 상징성을 가진 추모일에 표명되는 한— 나치의 폭력적이고 자의적인 지배를 승인, 찬양 또는 정당화하는 것만을 대상으로 한다. '나치의 불법지배를 상기시키는 의미를 갖는 장소나 추모일'과 '나치의 폭력적이고 자의적인 지배의 승인이나 찬양 또는 정당화'의 연계를 통해 의사표현에 대한 공적인 인식이 강화되며, 그로 인해 평온을 위협하는 효과는 증대된다. 이러한 효과가 인정되기 위해서는 집회가 꼭 공개적일 필요는 없으며(제2조 제2항), 옥외에서 개최되는 것만으로도 충분하다. 연방헌법재판소에 따르면 「의사(意思)를 대상으로 하는 특별법」은 구성요건을 통해 설정된 금지의 범위를 넘어 확장 해석된다면 위헌이다. 의사를 대상으로 하는 특별법의 헌법적 허용성은 나치의 불법적 지배를 옹호하여 공공의 평온을 침해하는 행위로부터 헌법적 정체성을 수호하는 것에 그 근거 및 한계를 가지고 있다. 따라서 ① 금지규정을 (나치 이외의) 다른 불법정권에 대한 찬양, ② 구체적인 승인이나 찬양 또는 정당화라는 수준에 이르지 않는 단순한 공감표현 및 ③ 전체주의적이고 인간을 멸시하는 나치정권을 상기시키는 의미가 부여되지 않는 장소나 날짜까지(예컨대 나치즘하에서 그 의미가 단지 증대된 것에 그치는 경우) 확장하는 것은 헌법적으로 허용되지 않는다. 마찬가지로 구체적인 폭력적 지배의 찬양과 결부되는 것이 아니라, 단지 극우적 이념의 지지와 결부되는 금지도 허용되지 않는다.

민주적 공동체에 있어서 중요한 결정은 입법자인 의회가 스스로 하여야 하고, 행정에 위임하여서는 안 된다는 것(BVerfGE 105, 279 [305] 참조)을 고려할 때, 추모지(Gedenkstätte)로 고려되는 장소는 집회법을 통해 그의 공간적 경계가 직접적이고 상세하게 확정되어야 한다. 왜냐하면 이러한 장소를 확정하는 것은 집회의 자유라는 기본권의 행사와 직접적으로 관련되고, 그 전제가 되기 때문이다. 이러한 엄격한 헌법적 전제조건을 고려할 때, 결국 홀로코스트 추모일(Holocaustgedenktag)²³⁾과 제국박해의 밤(帝國迫害의 밤, Reichspogromnacht)²⁴⁾ 기념일만이 법에서 금지할 수 있는 추모일에 해당한다.

3. 본 규정은 연방헌법재판소가 제시한 의사표현의 자유에 대한 특별법에 요구되는 예외적 기준들을 준수한다. 이것의 보호법익은 구체적·역사적인 나치의 폭력적이고 자의적인 조치에 대한 찬양으로 인해 침해되는 공동체의 '공공의 평온'이다. 동시에 본 규정을 통해 폭력적이고 자의적 조치의 희생자의 존엄성 또한 간접적으로 보호된다. 보호법익으로서의 희생자의 존엄성에 대해서는 명시적으로 언급하지 않았다. 연방헌법재판소는 분지델 결정에서 희생자의 존엄성이라는 보호법익과 관련하여, 「희생자의 존엄성은 단지 " '공공의 평온'을 보완해 주는 것"일 뿐이며, 따라서 근본적 금지사유로서의 공공의 평온에 대한 침해 외에 별도로 거론할 필요는 없다」고 판시한 바 있다. 명시적으로 구성요건상에 "희생자의 존엄"이라는 단어를 규정하는 것은 ─이러한 보호법익이 기본법 제1조상의 인간의 존엄과 동일한 의미를 가지는 것이 아닌 한─ 본 조항의 의미를 특별히 구체화하거나 강화하는 것도 아니다(BVerfGE

---

23) [역주] 홀로코스트 추모일은 나치 독일이 2차 세계대전 중 행한 유대인 대학살을 추모하는 기념일을 말하는데, 나라마다 기념일이 달랐다. 이에 유엔은 2005년 총회결의안 60/7호를 채택하여 아우슈비츠에 수감되어 있던 유대인들이 소련군에 의해 해방된 1월 27일을 국제 홀로코스트 추모일로 지정했으며, 오늘날 대부분의 국가들 역시 1월 27일을 홀로코스트 추모일로 지정하여 운영하고 있다.

24) [역주] 1938년 11월 9일에 당시 17세이었던 독일계 유대인 헤르쉘 그린슈판(Herschel Grynszpan)이 파리 주재 독일 대사관의 3등 서기관이었던 에른스트 폼 라트를 암살한 사건이 발생하자, 그에 대한 보복으로 독일인들은 유태인의 점포와 주택, 그리고 유태교의 예배당인 시나고그를 파괴하거나 태워 버렸다. 이 사건을 가리켜 '제국 박해의 밤(Reichspogromnacht)'이라고 한다. 한편 이 사건 당시에 수많은 유리창이 깨졌다고 하여 이를 '수정의 밤(Kristallnacht)'이라고도 부른다.

124, 300 [344]).

실질적인 범위에 있어서 본 조항은 일반적 제한권한(모범초안 제13조)에 근거한 공공의 안녕이라는 범주 내에서의 형법 제130조 제4항의 법익에 대한 예방적 보호를 넘어서지 않는다. 나치의 폭력적이고 자의적인 지배의 희생자에 대한 기억을 상기시킴으로써 특별한 상징성이 부여되는 추모지 부근에서 또는 추모일에 이루어지는 의사표현은 특별한 관심을 불러일으키며, 그를 특별법으로 규율하는 것을 정당화한다. 본 조항은 여러 주의 집회법과는 달리 '위협금지'에 대해서는 규정하지 않았다. 이러한 금지는 별도로 규정되어 있기 때문이다(제18조).

제20조 주의회의 보호

(1) ¹주의회의 헌법적 기능의 보장을 위해 보호구역을 규정한다. ²보호구역에는 (…) 이 해당한다.

(2) ¹제1항에 따라 규정된 보호구역 내에서 옥외공개집회를 주최하고자 하는 사람은 늦어도 집회 초청 72시간 이전에 권한 있는 행정청에 신고하여야 한다. ²신고에 대해서는 제10조 제1항 제2문 및 제3문, 제2항이 적용된다.

(3) 권한 있는 행정청은 처분을 할 당시에 인식 가능한 제반 사정을 고려할 때 집회의 진행에 의해 주의회, 그 기관, 또는 위원회의 활동이 침해받을 것에 대한 직접적인 위험이 존재하는 경우 주의회 의장과의 협의를 거쳐 제1항에 따라 규정된 보호구역 내에서 공개집회를 제한하거나 금지할 수 있다.

(4) 권한 있는 행정청은 제3항의 요건이 존재하거나 제3항에 근거하여 명령된 제한을 위반하는 경우 집회를 해산할 수 있다.

(5) 금지나 해산은 제한만으로는 충분하지 않은 경우에 허용된다.

||| 입법이유 |||

I

본 규정은 "거리에서의 압력(Druck der Straße)"으로부터 영향을 받지 않아야 하는 의회에 대한 특수한 보호의 필요성을 고려한 규정이다. 본 규정은 의회의 합헌적인 기능을 보장하기 위하여 설정된 보호구역 내에서 집회가 진행될 경우, 이에 대한 신고의무를 규정하고 있다. 이 조항을 위반하여 신고 없이 보호구역 내에서 행해지는 집회는 형식상 위법하다. 이 점에 있어서 본 조항은 제10조와 제13조(신고; 제한, 금지, 해산)에 우선하는 특별규정이다. 공공의 안녕에 대한 그 밖의 직접적 위험이 우려되는 경우에는 이 규정 외에 제13조의 수권규정이 적용된다.

II

애초 연방집회법은 제16조에서 연방 및 주 입법기관과 연방헌법재판소를 보호하기 위한 금지구역 규정(Bannkreisregelung)을 포함하고 있었다. 2008년 12월 8일에 제정된 (조항-)법률(연방법률관보 I, 2366쪽)에 따른 연방집회법 개정을 통해 연방헌법기관에 관한 규정이 (장래에 주의 입법을 통하여 연방집회법의 효력이 상실될 것을 고려하여) 삭제되었다. 현재 이 규정은 2008년 12월 8일 공포된 '연방의 헌법기관을 위한 평화구역에 관한 법률(Gesetz über befriedete Bezirke für Verfassungsorgane des Bundes, 연방법률관보 I, 2366쪽)을 통해 직접 적용된다. 이와 유사한 규정들은 신설된 주집회법(바이에른주)에 포함되어 있거나, 법률안(니더작센주)에 규정되어 있다. 튀링엔주는 2010년 3월 25일자 법률(LT-Drs. 5/652)을 통해 평화구역을 폐지하였다.

III

1. 본 규정의 보호법익은 최고헌법기관인 의회의 기능이다. 의회는 — 본 조항에서는 주의회(Landtag)라고 표현되어 있다. 다른 표현을 사용하는 주에서는 당연히 개념 수정이 필요하다— 주에 거주하는 국민(Volk)[25]

---

25) [역주] 독일연방공화국은 공식 명칭에서 보듯이 연방제를 취하고 있으며, 연방제에서 각 주들은 사실상 독립한 국가로서의 지위를 누린다. 따라서 본문에서와 같이 주에 살고 있는 사람들을 국민이라고 부르는 것도 가능하다.

으로부터 나오는 국가권력을 행사하는 국민의 직접적인 대표기관이다(기본법 제20조 제2항, 제28조 제1항; BVerfGE 80, 188 [217], 83, 37 [53] 참조). 따라서 헌법적 기능을 수행함에 있어 의회는 순수 정치적인 수단이 아닌 것들(예를 들면 위협, 신체적인 압박을 행사하는 접근, 소음 등)을 통해 행해지는 모든 압력으로부터 자유로워야 한다. 본 규정은 (법률을 통해) 구체적으로 보호구역을 규정함으로써 이러한 목적에 부합하는바, 보호구역 내에서는 행정청에 대하여 적시에 신고가 행해진다는(초청 72시간 전) 특수한 전제조건하에서만 제한적으로 집회가 개최될 수 있다. 기본법 제8조 제2항에 따른 법률유보의 범위 내에서 옥외집회에 대한 신고의무가 규정될 수 있다는 점은 이미 기본법 관련 제헌의회(Parlamentarischer Rat)에서도 아무런 논쟁이 없었다(C. Enders, Jura 2003, S. 103, 104 m. Fn. 77).

2. 본 조항은 연방집회법 제16조와는 다른 규정방식을 통하여 그 목적을 추구하고 있다. 고차원적 보호법익을 고려한다고 하더라도 ―「연방 헌법기관을 위한 평화구역에 관한 법률」과 새로이 제정된 주집회법 또는 법률안(바이에른주, 니더작센주)이 따르고 있는 연방집회법 제16조의 규정방식이 취하는 것처럼― 집회의 자유를 광범위하게 제한하는 것은 비례의 원칙에 부합하지 않는다. 이러한 규정들은 고차원적 보호법익에 의해서도 정당화될 수 없는, 집회의 진압적 금지를 인정하는 경향을 보이고 있다. 이들 규정은 첫 번째 단계로 (법률에 의해 정해진) 평화구역에서의 집회와 행진을 그 장소적 특성을 고려하여 전면적으로 금지하고 있다("특정장소에서의 전면적 집회금지(Flächenverbot)", A. Dietel/K. Gintzel/M. Kniesel, Versammlungsgesetz, 15. Aufl., 2008, § 16, Rn. 3). 두 번째 단계로 헌법기관의 기능이 침해될 우려가 없다면, 신청에 근거하여 보호대상이 되는 헌법기관의 대표자의 동의를 얻어 권한 있는 행정청(대개 내무부)을 통해 이러한 장소에서의 집회금지에 대한 예외가 인정될 수 있다(경우에 따라서는 예외가 인정되어야만 한다;「연방 헌법기관을 위한 평화구역에 관한 법률」 제3조 제1항 제1문과 제2문. 이러한 규정방식에 대한 반론으로는 A. Dietel/K. Gintzel/M. Kniesel, Versammlungsgesetz, 15. Aufl., 2008, § 16 Rn. 16 ff.; W.

Höfling, in: M. Sachs [Hrsg.], GG, 5. Aufl., 2009, Art. 8 Rn. 62). 이러한 규정방식과는 달리 모범초안에서 제안하는 규정은 자유민주주의적인 국가질서에서(BVerfGE 69, 315 [343]) 고차원적 법익인 집회의 자유를 보다 더 명확히 고려하고 있다. 이 규정은 전면적 금지나 (신청에 따른) 허가의무를 규정하고 있는 것이 아니라, 주의회 주변에 형성되어 있는 보호구역에서 개최되는 집회에 대해 부과되는 특수한 신고의무만을 규정하고 있다.

이러한 신고의무는 ―이 점에 있어서는 관할변경 없이― 집회에의 초청에 앞서 집회행정청과 사전에 접촉할 것을 요구한다. 신고는 집회행정청의 공식적인 반응을 가능하게 한다. 본 규정은 의회의 기능을 위하여 일반적인 경우에는 허용되는 우발적 집회 및 긴급집회는 배제하고 있다(제10조 제3항 및 제4항 참고). 신고의무가 집회행정청과의 접촉을 요구함에도 불구하고 집회행정청과의 접촉이 적시에 이루어지지 않는다면 보호구역 내에서 개최되는 집회는 형식상 위법하다.

신고가 있는 경우 집회행정청은 주의회 의장과 협의하여야 한다. 본 규정의 보호법익인 최상위 헌법기관으로서의 의회의 기능은 의회의 조직고권을 고려함으로써 보호될 수 있기 때문이다. 따라서 사전 협의의 필요성은 전적으로 의회의 이익을 위해서만 존재한다. (다만) 협의가 집회의 금지, 제한 또는 해산의 적법성이 인정되기 위한 전제조건은 아니다. 만약 협의가 (특히 시간적인 이유로) 예외적으로 이루어지지 않았다고 하여 그 자체로서 금지, 제한 또는 해산이 위법하다는 결론으로 이어지는 것은 아니다. 예를 들면 의회의 기관 또는 위원회의 회기 등 의회의 보호를 위해 필요한 경우에는 집회, 예를 들면 우발적 집회 등에 대하여 즉각적으로 집회법상 조치들을 취할 수 있다.

3. 그러나 형식적 위법성과 실질적 위법성을 구분하는 일반원칙(BVerwGE 5, 351 [353] 참조)에 따를 때 ―실체법적으로 규정의 보호목적(의회의 기능 보장)이 위협받지 않았고, 따라서 집회에 개입하지 않는 것만이 재량에 하자가 없는 것이며, 그러한 의미에서 행정청의 재량이 "0으로"

수축되는 한— 집회는 그 형식상 위법성만으로 금지, 제한 또는 해산될 수 없다(M. Breitbach, Die Bannmeile als Ort von Versammlungen, 1994, S. 189 f.; S. Werner, Formelle und materielle Versammlungsrechtswidrigkeit, 2001, S. 170; C. Enders, Jura 2003, 103 [104]). 따라서 만약 집회가 의회, 그 기관 또는 위원회의 회의가 없는 날(§ 3 Abs. 1 Satz 2 BefBezG 참조)에 진행되고, 신고가 결여되어 있다는 형식상 법규위반 외에는 추가적인 구성요건상 인정되는 개입의 사유(제13조)가 존재하지 않는 경우에는 —신고가 결여되어 있음에도 불구하고— 개입은 허용되지 않는다. 다만 개별사안에 있어 신고의무를 이행하지 않은 형식상 위법한 집회에 대한 개입이 그의 실질적 적법성을 고려할 때 허용되지 않는다고 하더라도, 신고의무 위반은 제28조 제1항 제9호의 질서위반행위의 구성요건을 충족한다.

제21조 공적 교통에 제공되어 있는 사유지(私有地)

[1]일반 공중에게 개방되어 있는 '공적 교통에 제공되어 있는 사유지'에서는 소유권자의 동의 없이도 공개 집회를 진행할 수 있다. [2]소유권자는 제3조 제2항에 따른 협력에 참여시켜야 한다. [3]10인 이상이 관련되거나 소유관계가 과도한 노력을 통해서만 확인될 수 있는 경우에는 공고를 통해 협력에의 참여를 위한 초청을 할 수 있다.

▌▌▌ 입법이유 ▌▌▌

I

1. 공공장소—공공도로, 광장, 교통로, 시설물—는 오늘날에도 거의 대부분 공권력 주체가 소유권을 가지고 있다. 이는 공법상의 물권에 해당한다. 이러한 장소에 대해서는 보통사용권이나, 특별사용권이 존재한다. 공권력 주체 소유의 공공장소는 옥외집회를 위한 전통적인 장소이

다. 왜냐하면 한편으로는 대규모 집회를 위한 장소로 공공장소 이외의 다른 대안이 없기 때문이며, 다른 한편으로는 공공장소가 집회의 자유의 민주적인 기능이 특수한 방법으로 실현될 수 있는 공중을 위한 장소이기 때문이다.

2. 한편 공권력 주체 소유의 공공장소 외에 사인 소유의 공공장소가 점차 등장하고 있다(J. Kersten/F. Meinel, JZ 2007, S. 1127). 이러한 사인의 소유의 공공장소는 다양한 방식으로 형성된다. 예를 들면 사유지가 —주로 쇼핑매장으로 이용되지만 사무실이나 주거지 또한 들어서 있는— 대규모 부동산 사업구역으로 개발되는 경우가 있다. 이러한 사업구역은 사인의 토지 위에 '공적 교통에 제공되어 있는 사유지'의 형식으로 개발되는데, 대개 공권력 주체 소유의 공적 교통로와 연결되어 있다. 이러한 사인 소유의 공공장소의 대표적 예로는 —지붕이 덮여 있는 쇼핑센터와 그 주변을 둘러싸고 있는 도로 또한 사인 소유인— 베를린 포츠담 광장에 접해 있는 토지를 들 수 있다. 오늘날에는 일부 또는 전부가 지붕으로 덮여 있는 형태의, 교통로를 갖추고 있는 쇼핑센터가 점점 늘어나고 있으며, 최근에는 대도심(大都心) 전역에서 소규모의 쇼핑 파사쥬(Passage)[26]를 찾아볼 수 있다.

3. 다른 형태의 사유화는 과거에는 공권력 주체 소유였던 공공장소를 사인이 취득하는 방식으로 이루어진다. 이와 관련하여 '공적 도로(公的道路, öffentliche Straße)가 어디까지 사인인 영업주 또는 (부동산)개발업자에 의해 취득될 수 있는지가 논의되기도 한다(T. Finger/P. Müller, NVwZ 2004, 953).

4. 세 번째 유형의 사유화는 역사(驛舍)나 공항과 같은 공공시설의 형식적 또는 실질적인 사유화를 통해 이루어질 수 있다. 현재 연방헌법재판소에 계류 중인 프랑크푸르트 공항 부지에서의 집회에 관한

---

26) [역주] 파사쥬(Passage)는 원래 통로를 의미하는 것이었다. 그런데 오늘날에는 파사쥬는 주로 지붕이 있는 통로, 특히 그 통로의 양옆으로 쇼핑매장이 들어서 있는 것을 말한다. 결국 여기서의 '쇼핑 파사쥬'는 우리나라의 일반적 용어례를 고려하면, '쇼핑몰'이나 '아케이드'에 해당하는 것이라고 할 수 있다.

Fraport 주식회사27) 사건(1 BvR 699/06)이 이러한 문제와 관련 있다(Fraport 주식회사의 주차장에서의 집회에 대해서는 BGH, NJW 2006, 1054; auch VGH Hessen, NVwZ 2003, 874 참조). 참고로 Fraport 주식회사 지분 중 과반수는 연방, 주, 기초자치단체가 보유하고 있다(BGH, NJW 2006, 1054 참조).

5. 집회의 자유가 갖는 민주적 기능과 관련하여 사유화된 공공장소는 공권력 주체 소유의 공공장소와 유사한 의미를 가질 수 있다. 이는 사인 소유의 공공장소가 현재까지는 공공장소가 아닌 곳에서 형성되는 경우뿐만 아니라, 현재까지의 공공장소를 대체하는 경우에도 적용된다. 지금까지 공적인 도심공간이었던 곳이 부분적으로 사인 소유의 공공장소로 대체된 예로는 오버하우젠(Oberhausen)의 Centro28)와 같은 대형 쇼핑센터를 들 수 있는데, 많은 매장과 전문식당가를 유치하고 있는 이곳은 이미 그 규모에 있어 오버하우젠의 (구)도심이 가졌던 공적인 의미를 능가한다. 집회의 자유가 공공장소의 사유화라는 상황하에서도 자유 보장적이고 민주적인 기능을 유지하려면, 공공장소의 사유화로 인하여 그러한 장소에서의 집회의 자유라는 기본권의 행사가 전적으로 사인인 소유자의 동의에 의존하게 되는 결과로 이어져서는 안 된다(같은 의견으로 A. Fischer-Lescano/A. Maurer, NJW 2006, 1393 [1394]; M. Kniesel/R. Poscher, in: H. Lisken/E. Denninger [Hrsg.], Handbuch des Polizeirechts, 4. Aufl., 2007, Kap. J Rn. 73; J. Kersten/F. Meinel, JZ 2007, S. 1127 [1133]).

제21조의 규정은 헌법적으로 보호되는 집회의 자유를 사인 소유의 공

---

27) [역주] Fraport 주식회사는 독일 프랑크푸르트 공항(Frankfurt Airport)을 운영하는 회사로, 직원수는 약 2만 명이다. 본문에서 언급된 Fraport 주식회사 사건은 "강제추방에 반대하는 이니셔티브(Initiative gegen Abschiebungen)" 회원들이 프랑크푸르트 공항 출국장에서 집회를 개최하자 Fraport 주식회사 측에서 주거침입으로 고발하겠다고 경고, 이에 헌법소원을 청구한 사안을 가리킨다. 2011년 2월 연방헌법재판소는 프랑크푸르트 공항에서도 집회의 자유는 보장되어야 한다고 판시하였다(1 BvR 699/06).

28) [역주] 오버하우젠(Oberhausen)은 독일 노르트라인-베스트팔렌 주에 있는 산업중심도시로 철도와 고속도로 등과의 연계가 잘 이루어져 있는 도시이다. 도시의 인구는 2016년 현재 22만 명 정도이며, 인근도시로는 동쪽의 에센(Essen), 남서쪽의 뒤스부르크(Duisburg)를 들 수 있다. 한편 오버하우젠 센트로(Oberhausen Centro)는 이곳의 구도심에 들어선 대형 쇼핑센터의 명칭이다.

공장소에 대해서도 구체화하고 있다. 이 규정은 집회의 자유를 '사인 소유의 교통장소'로 한정하고 있으며, 소유권자의 이익과 집회법상의 협력 절차를 결부시키고 있다.

II

지금까지의 법률들은 모범초안 제21조에 상응하는 규정을 가지고 있지 않았다. 현재까지 사인 소유의 공공장소와 관련된 판결도 존재하지 않는다. Fraport 주식회사 부지에서의 집회에 관한 두건의 판결이 형식적으로는 사유화된 공공장소와 관련된 것이기는 하지만, 이 판결들은 기본법 제8조에 관한 고찰에 있어서 Fraport 주식회사의 지분의 과반수를 국가 등이 보유하고 있다는 것을 이유로 Fraport 주식회사가 기본권에 구속된다는 것을 결정적 기준으로 삼고 있다(BGH, NJW 2006, 1054 [1055]; VGH Hessen, NVwZ 2003, 874).

1. 반면 헌법적으로는 기본권들이 사적 재산권에도 영향을 미칠 수 있다는 점이 인정되고 있다(예를 들면 A. Fischer-Lescano/A. Maurer, NJW 2006, 1393 [1394]). 이를 설명하기 위하여 지금까지 다양한 기본권 이론이 발전하여 왔는데, 기본권의 간접적 제3자효, 국가가 제정한 법으로서 사법(私法)의 방어권적 구속(집회의 자유와 관련하여서는 M. Kniesel/R. Poscher, in: H. Lisken/E. Denninger [Hrsg.]: Handbuch des Polizeirechts, 4. Aufl., 2007, Kap. J Rn. 71; J. Kersten/F. Meinel, JZ 2007, S. 1127 [1131]) 및 기본권적 보호의무 등이 그것이다. 그러나 이러한 다양한 건설적인 견해들도 개별적인 사법의 기본권적 질문에 대해서는 결론을 제시하지는 못하였다. 그럼에도 최근에는 판례에서뿐만 아니라 학설상으로도 사법, 그리고 사적인 재산권 또한 기본권에 구속된다는 것에 대한 합의가 형성되어 있다(기본적으로 BVerfGE 7, 198). 따라서 기본권과 사법의 일반적인 관계는 집회의 자유가 사적인 재산권에 영향을 줄 수 있다는 것을 배제하지 않을 뿐만 아니라, 오히려 이러한 것을 권장한다.

2. 그러나 기본법 제8조가 사적 재산권에 대해서 의미를 가진다 하더

라도 집회의 자유가 사적인 재산의 어떤 영역에 대해 영향을 미치는지는 아직 명확히 설명되지 않았다. 공개적으로 접근 가능한 공권력 주체 소유의 장소에 대해서는 집회의 자유가 보통사용(Gemeingebrauch)하에 있는 공공 도로 및 광장과 관련 있다는 것이 일반적으로 인정된다 (BVerfGE 73, 206 [249]; M. Burgi, DÖV 1993, 633 [638]). 공공 도로와 광장에 대한 보통사용이 추구하는 교통목적은 해당 장소를 "무제한의 대중에게 직접적으로, 그리고 별도의 허가 없이" 개방한다(H. J. Wolff/O. Bachof/R. Stober, Verwaltungsrecht, Bd. II, 6. Aufl., 2000, § 75 Rn. 16). 공공 도로와 광장은 교통과 함께 추가적으로 추구되는 목적과는 상관없이 모든 사람들의 접근이 가능하다. 교통목적은 교통에 의해 추구되는 추가적인 목적들과 관련된 기능적인 공공성을 통해 일반적인 공개성을 형성한다(A. Fischer-Lescano/Maurer, NJW 2006, 1393 [1394]: 인프라적인 연결기능; J. Kersten/F. Meinel, JZ 2007, 1127 [1131]: 보통사용의 경우 다양한 목적의 사용이 병존하는 것이 전형적임을 강조하고 있다). 즉 교통목적을 통해 교통에 제공된 공간은 일반적인 공개성을 가진 장소가 된다. 교통목적과 결부된 일반적인 공개성은 —간접적인 방식으로 전달되는 것과는 달리— 그곳에 존재하는 일반적인 대중을 대상으로 하는 의사소통에 적합한 것으로 만든다. 이에 상응하여 보통사용권의 교통기능은 이용자의 의사적인 교통, 즉 의사소통 또한 포함한다고 인정된다(BVerwGE 84, 71). 의사소통을 통하여 기본권의 정치적인 기능 또한 공공도로와 광장의 법체계 속으로 흘러들어간다 (J. Kersten/F. Meinel, JZ 2007, 1127 [1131]).

3. 기본법 제8조와 관련하여, 일반법이 일반적 교통기능에 근거하여 일반적 공개성이 형성되는 장소를 어떠한 법체계하에서 규정하였는지는 중요하지 않다. 법률에 우선하는 헌법에 근거하여 집회의 자유는 일반적 교통기능으로 인해 일반적 공개성이 형성되는 모든 장소에 적용된다.

규범 간의 서열을 고려할 때 공권력 주체 소유의 장소에 대해서는 법률에 따른 공용지정행위만을 기준으로 해서는 안 된다는 결론이 도출된다. 오히려 공용지정 외에 해당 장소가 사실상 일반적 교통목적으로 사용되는지 여부가 더욱 중요하다. 본(Bonn)의 궁전정원(Hofgarten) 잔디밭[29])에 관한 연방행정법원의 판결 또한 언뜻 보기에도 기본법 제8조의 장소적인 보호범위에 대한 이러한 설명과 부합한다. 토지의 소유자인 대학의 공용지정(公用指定, Widmung) 결정에도 불구하고 연방행정법원은 일반적인 교통장소로 편입된 호프가르텐(Hofgarten) 잔디밭에서의 집회 허용여부에 대한 결정을 함에 있어 집회의 자유를 존중할 것을 요구하였다(BVerwGE 91, 135 [140]). 집회의 자유에 대한 이러한 이해는 할베(Halbe)의 군인묘지[30]) 사용에 관한 결정의 기초를 이루고 있다. 할베의 군인묘지 사용에 관한 결정은 기본적으로 묘지와 직접적으로 접해 있지만 집회가 허용되는 교통지역(OVG Brandenburg, 4 B 98/05 v. 17. 6. 2005, JURIS)과 일반적인 교통사용하에 있지 않고, 공용지정으로 정해진 기능과 상관없는 집회가 허용되지 않는 묘지지역(OVG Brandenburg, NVwZ-RR 2004, 844 [846])을 구분하고 있다. 보통사용의 대상이 되는 공공 도로 및 광장 이외의 공공장소에서의 집회에 관한 현재까지의 판례에서도 주로 일반적 교통기능을 기준으로 삼고 있다.

4. 타인 소유의 토지에 대한 기본법 제8조의 적용범위는 일반적 교통기능과 이를 통해 형성된 일반적 공개성 간의 기능적 관련성으로부터 도출된다. 집회의 자유는 보통사용하에 있는 공공 도로와 광장의 경우와 동일한 방식으로 일반교통에 개방되어 있는 사인 소유의 장소에까지 적용된다. 일반적인 교통기능을 통해 일반적이고 현존하는 공개성이 발현되는데, 기본법 제8조 제1항에서 의미하는 집회의 정치적 기능은 바로 이러한 일반적 공개성에 근거하고 있다. 이에 비해 경우에 따라 더 효과

---

29) **[역주]** 본(Bonn) 대학은 쾰른 선제후의 궁전이었던 곳을 대학건물(본관)로 사용하고 있는데, 그러다 보니 궁전정원(호프가르텐—Hofgarten)이 그대로 대학의 구내정원이 되어 버렸다.

30) **[역주]** 할베(Halbe)는 독일의 브란덴부르크 주에 위치하고 있는 아주 작은 마을(주민수 2000명 내외)인데, 제2차 세계대전 당시에 이곳에서 독일군이 소련군에게 포위당해 궤멸된 일이 있었다. 이 때문에 Halbe에는 당시에 전사한 독일병사를 위한 군인묘지가 있다.

적인 의사소통적인 집회의 효과는 부수적인 것이다. 보통사용과 유사한 방법으로 교통목적을 위하여 일반 대중에게 개방되어 있는 사인 소유의 토지는 기본권 제8조에 근거할 때 집회가 타인 소유의 토지에서 행해지는 경우에도 개방된다. 이때 소유자의 동의는 중요하지 않다.

5. 집회의 자유로부터 사인 소유의 공공 교통장소에서 개최되는 집회를 수인하여야 할 의무가 도출되는바, 이러한 의무에 기하여 타인이 자신의 재산을 이용하는 것을 배제할 수 있는 권한을 내용으로 하는 재산권이 제한받게 된다. 소유권자의 배제권의 내용은 기본법 제14조 제2항에 따른 재산권의 사회구속성(Sozialbindung)을 고려하여 형성되고, 따라서 제한될 수도 있다. 이 경우 재산권의 사회구속성은 재산권의 객체가 되는 물건 또는 그 사용의 사회관련성이 강하면 강할수록 더 큰 의미를 가진다(BVerfGE 50, 290 [340 f.]; H.-J. Papier, in: T. Maunz/G. Dürig, GG, 53. Aufl., 2009, Art. 14 Rn. 311 m.w.N.). 공공 도로나 광장과 유사한 방법으로 일반 대중에게 개방되어 있는 사적 토지의 경우 토지의 교통기능을 통하여 상업적인 이익도 얻게 되는바, 이러한 상업적 이익은 그 토지가 일반 대중에게 교통을 위하여 개방됨으로써 비로소 얻어지게 된다. 그러나 만약 일반교통 목적으로 개방됨으로써 토지의 사회관련성이 감당할 수 없을 정도로 증대된다면, 재산권의 사회구속성으로 인하여 공적 공간이라는 기능을 단지 선택적으로만 이행할 수 있는 권리를 보장하지 못하게 되는 결과가 초래될 수 있다. 그럼에도 불구하고 원칙적으로는 공적 교통기능으로부터 발생하는 상업적인 이익과 함께, 공적 교통공간의 의사소통 기능 또한 수행한다고 이해함이 소유권의 사회구속성에 부합한다.

6. 유럽인권법원(EGMR)은 유럽인권협약(EMRK)이 기본적으로 협약국들에게 정치적 자유권의 행사를 사인 소유의 공공장소로까지 확대할 것을 요구하고 있다고는 판단하지 않고 있다. 그러나 유럽인권법원은 개별 사안에 있어 유럽인권협약 제10조로부터 그러한 의무가 도출될 수 있다는 점은 명백히 인정하고 있다(EGMR, Appleby gegen United Kingdom, [2003]

ECHR 222). 따라서 유럽인권협약에 의거하여 독일연방공화국은 개별사안에 있어 이미 국제법적으로도 사인 소유의 공공장소에서의 집회를 가능하게 하여야 할 의무를 진다고 할 수 있다. 이미 오래전부터 미국 몇몇 주의 헌법재판에서는 사인 소유의 공공장소에도 의사표현의 자유가 미친다는 것을 인정하고 있다. 캘리포니아 헌법재판소는 캘리포니아 헌법이 특히 강조하고 있는 의사표현의 자유의 보장으로부터 사인 소유의 공공장소에서의 일반적인 의사표현권을 도출하였으며(Robins v. Pruneyard Shopping Center, 23 Cal. 3rd 899 [1979]), 최근 판결에서 이를 다시 한 번 확인하였다(Fashion Valley Mall, LLC, v. National Labor Relations Board, 42 Cal. 4th 850 [2007]). 몇몇 다른 주의 헌법재판소들은 이 판결을 따르고 있다. 반면 이러한 입장에 따르지 않는 주도 있다(비판적인 견해로는 J. Mulligan, Cornell Journal of Law and Public Policy 13 [2004], 533 [557]). 미국 연방대법원은 ─이와 유사한 사건에서의 연방헌법상의 기본권의 의미에 관한 자신의 판례와는 다르게(Lloyd Corp. v. Tanner, 407 U.S. 551 [1972])─ 캘리포니아 헌법재판소의 판결을 이미 일찍부터 인정하였다(Pruneyard Shopping Center v. Robins, 447 U.S. 74 [1980]).

III

1. 제1문은 기본법 제8조로부터 도출되는 재산권에 대한 제한을 내용으로 한다. 이러한 제한은 본 규정의 문언에서 교통장소(Verkehrsfläche)라는 법적 개념을 통해 표현되고 있는데, 제11조의 허가면제에 관한 규정 또한 이에 근거하고 있다. 이러한 표현은 공중의 통행(Publikumsverkehr)에 개방된 모든 사인 소유의 장소가 집회에 이용될 수 있는 것은 아니라는 점을 명확히 하고 있다. 즉, 집회에 이용될 수 있는 장소를 교통장소에 국한시킴으로써, 일반적 교통기능을 수행하지 않는 장소들은 집회에 이용될 수 있는 장소에서 제외하였다. 쇼핑파크와 쇼핑센터에서는 개별 상점들 사이의 연결통로와 광장만이 제21조의 적용범위에 해당하고, 상점 구역은 그렇지 않다.

2. 본 규정은 공개집회에만 적용된다. 제21조는 ―제11조가 공법상 허가에 대해 규정하고 있는 것과 마찬가지로― 소유자의 동의로부터의 면제를 집회의 공개성과 연계시키고 있다. 공개집회의 비공개집회에 대한 우위는 한편으로는 신고절차가 단지 공개집회에 대해서만 적용되고, 따라서 일반적으로 공개집회의 경우에만 사용을 둘러싼 갈등이 적시에 해결될 수 있다는 것을 통해 정당화된다. 다른 한편으로는 바로 공개집회가 '일반 공중에 개방되어 있는 사적인 교통장소'와 관련된 일반적 공개성에 의존하고 있기 때문이다. 경우에 따라 비공개집회에 의해 사적 교통 공간 사용에 대한 유사한 요구가 발생한다면 소유자의 동의에 근거한 법적 구속의 범위 내에서 그러한 요구는 충분히 고려될 수 있다.

3. 제3절에서 본 조문의 체계상 위치를 고려할 때 사인 소유의 공적 교통장소에서의 집회는 옥외집회에 관한 일반규정하에 있다. 본 규정은 공중의 교통에 개방되어 있는 교통로가 ―쇼핑파크에서 일반적인 것처럼― 부분적으로 지붕으로 덮여 있는지, 또는 ―예를 들면 쇼핑센터처럼― 하나의 지붕 밑에 다양한 상점이 서로 연결되어 있는지 여부와는 관련없이 적용된다. 기본법 제8조 제2항은 옥외집회에 대하여 기본권 제한의 가능성을 열어 놓고 있다. 왜냐하면 옥외집회에는 일반 대중이 아무런 제한 없이 접근할 수 있으므로 옥외집회로부터 특수한 위험이 발생할 우려가 있기 때문이다. 옥외집회 여부는 ―'옥외(屋外, unter freiem Himmel)'라는 비유적인 표현과는 달리― 본질적으로 하늘과 관련하여 개념의 획정이 이루어지는 것이 아니라,[31] 집회에의 일반적 접근성을 기준으로 결정된다. 옥외집회의 특수성은 일반 공중의 집회에의 접근이 제한되어 있지 않다는 것에 있다. 이 점에 있어서 옥외집회는 주변을 둘러싸고 있는 공간을 통해 특수한 집회의 공개성(besondere Versammlungsöffentlichkeit)이 일반 공중으로부터 분리되는 옥내공개집회와는 구별된다. 옥외집회

---

31) **[역주]** 옥외집회의 개념을 설명함에 있어 '하늘'이 언급되는 이유는 옥외집회에 해당하는 독일어가 Versammlungen 'unter freiem Himmel'인데, 'Himmel'은 하늘을 뜻하는 단어이기 때문이다.

의 경우 특수한 집회의 공개성과 일반적인 공중에 대한 공개성이 직접적으로 충돌함으로 인하여 기본법 제8조 제2항의 법률유보의 원칙에 따라 (법률로) 규제하여야 할 특수한 위험이 발생한다. 따라서 기본법 제8조 제2항에 관한 문헌들에서도 (옥외집회의 판단에 있어) 집회의 일반적 대중에 대한 옆으로의(seitlich) 제한 여부가 중요하다고 인정된다(O. Depenheuer, in: T. Maunz/G. Dürig, GG, 53. Aufl., 2009, Art. 8 [Bearb. 2006] Rn. 133 m.w.N.). 일반적으로 접근 가능한 교통장소에서는 교통기능의 일반성을 통해 공중에의 일반적 공개성이 형성된다. 따라서 일반적으로 접근 가능한 교통장소에서의 집회란 바로 ―기본법 제8조 제2항에서 '탁 트인 하늘 아래에서의 집회(Versammlungen unter freiem Himmel)'라고 비유적으로 표현하고 있는― 옥외집회를 의미한다. 옥외집회의 경우 교통장소가 부분적으로 지붕이 덮여 있는지 또는 (완전히) 덮여 있는지 여부는 중요하지 않다. 심지어는 쇼핑센터 및 파사쥬의 일반에 공개된 교통공간의 경우에는 공간적인 밀집성으로 인해 기본법 제8조 제2항의 원리(즉, 옥외집회는 다른 법익과의 충돌 가능성으로 인해 법률에 의해 제한 가능하다는 기본원리)는 더욱 강화되어 적용된다. 바로 이러한 경우에 기본법 제8조 제2항의 법률유보 원칙에 근거한 규정들을 통해 집회의 자유를 보장할 필요성이 존재한다.

4. 제2문은 소유자의 이익을 고려하고 있다. 집회는 사인 소유의 공공장소에서뿐만 아니라 일반적으로 다른 기본권주체의 이익과 충돌할 수 있다. 특히 집회 또는 행진경로에 있거나 그에 인접한 상점 소유자의 영업이익이 관련된다. 이 경우 "그 피해가 사회적 상당성을 갖춘 부수적인 결과로서 적법한 집회와 결부되어 있는 한" 수인하여야 한다(BVerfGE 73, 206 [250]; 104, 92 [104]). 이러한 설명은 사인 소유의 토지상에 있는 쇼핑파크나 쇼핑센터에서와 마찬가지로, 전통적인 도심구역에 대해서도 적용된다. 원칙적으로 이 두 가지 상황에 있어 상점 소유자의 관련 이익들이 서로 상이하게 고려되어서는 안 된다. 그러나 특수한 공간적 상황과 사적인 공공장소의 소유자의 특수한 인식 및 영향력을 고려할 때, 그들을 제3조 제2항에 따른 협력에 참여시키는 것은 적절해 보인다. 이처럼 사

적인 공공장소의 소유자를 집회법상 협력에 참여시키는 것을 통해 한편 으로는 '협상' 또는 부수적 결과의 사회적 상당성을 담보하는 수인 가능 한 '제한조치'를 통해 그들의 부담을 불가피한 정도까지 감소시킬 수 있 는 가능성을 제공한다(사회적 상당성 확보를 위한 제한에 대해서는, BVerfGE 73, 206 [250]). 다른 한편으로는 소유자의 특수한 영향력 및 지역정보는 혹시라도 있을 수 있는 공공의 안녕에 대한 위험을 예방하는 것에 도움 을 줄 수 있다. 협력 참여에 대한 초청을 승낙할 것인지 여부는 소유자 의 선택의 자유하에 있다. 그러나 행정청은 초청을 통하여 그들이 협력 에 참여할 수 있는 기회를 부여할 의무가 있다. 이 외에도 초청은 임박 한 집회에 대해 소유자에게 통지하는 기능 또한 수행한다.

5. 특히 사인 소유의 공공장소가 매우 넓어서 소유관계가 복잡한 경우 에는 ―협력절차가 이루어지는 과정에서의 시간적인 제약을 고려할 때 ― 소유관계에 대한 과도한 조사 및 초청을 위한 노력으로 인해 협력의 기회 자체가 무산되지 않도록, 다른 방법으로 초청을 할 수 있는 가능성 이 권한 있는 행정청에게 주어져야 한다. 따라서 제3문에서는 10개 이상 의 초청이 필요한 경우 또는 소유관계를 쉽게 밝혀낼 수 없는 경우에는 협력 참여를 위한 초청을 공고의 방법으로 할 수 있는 가능성을 행정청 에게 부여하고 있다.

III. 옥내집회

제22조 초 청
(1) 옥내공개집회를 주최하는 자는 집회 초청 시에 특정인 또는 특정 범위 의 사람들의 참가를 배제할 수 있다.
(2) 옥내공개집회의 주관자는 공인된 증명서를 통하여 신분이 증명된 기자 의 집회 참여를 저지할 수 없다.

▮▮▮ 입법이유 ▮▮▮

I

제22조는 공개 집회에의 초청 시에 특정인 또는 특정 범위의 사람들의 집회 참가를 배제할 수 있는 주최자의 권한을 규정하고 있다. 이러한 규정은 비공개 집회의 경우에는 그 특성상 당연히 적용된다(제2조 제2항 참조). 제22조의 규정은 옥내집회에 대해서만 적용되는데, 왜냐하면 옥외집회의 경우 자신들만 집회에 참가할 수 있다는 것에 대한 보호의 필요성이 크지 않기 때문이다. 또한 이러한 규정은 옥외집회에 대해서는 관철하기 어려울 것이며, 실무상 의미도 크지 않기 때문이다.

II

제22조의 규정은 현행 연방 법률(연방집회법 제6조)에 상응한다.

III

기본법 제8조 제1항에서 법률유보를 규정하고 있지 않기 때문에 옥내집회에 대해서는 신고의무나 허가의무가 헌법적으로 허용되지 않는다. 이 점을 고려했을 때, 본 초안은 옥내집회의 주최에 대하여 보다 광범위한 법적 구속을 포함하고 있다. 기본법은 (옥외집회에서와는 달리) 옥내집회는 대개 공공의 안녕에 대한 위험을 야기하지 않는다는 추정에 근거하고 있다. 최근 여타 법률안들의 조문들은 처음부터 공개 집회의 주최자들로 하여금 옥내에서도 특정한 의무에 따르도록 규정하고 있는데, 그러한 조문들이 헌법상 요청되는 신고 면제와 집회참가자들의 자율성을 무의미하게 만든다면 그 허용 여부가 의문시된다. 마찬가지로 집회 주관자 또는 질서유지인 지정 의무에 관한 규정을 두는 것도 문제가 있다. 그러한 광범위한 의무를 규정하는 것은 위헌이며, 기본법 제8조 제1항에 따를 때 옥내집회권은 원칙적으로 제한없이(unbeschränkt) 자유를 누린다는 추정에 부합하지 않는다.

1. 옥내집회에 대한 ─헌법상 제한적으로 인정되는─ 제한가능성은 집회의 자유의 실현을 제한하는 것이 아닌 집회의 자유를 보장하는, 그리고 기본권 주체의 자유를 구체화하는 법적 규율까지 허용하지 않는 것은 아니다. 이러한 의미에서 ─만약 집회에 참가하는 자들이 원하는 경우에는─ 그들끼리만 집회를 할 수 있는, 즉 다른 사람의 집회참여를 처음부터 배제할 자유권 또한 집회의 자유에 포함된다(제22조 제1항). 그러나 초청에 제한이 있는 경우에도 집회는 여전히 공개집회의 성질을 가질 수 있는데, 왜냐하면 특정인 또는 특정 범위의 사람들의 참가를 배제한다 하더라도 참가자의 범위를 개인적으로 특정된 인적 집단으로 한정하는 것은 아니기 때문이다(제2조 제2항 참고).

2. 그러나 참가자의 범위를 제한할 권리로부터 기자를 공개 옥내집회에서 배제할 권리까지 도출되는 것은 아니다. 옥외공개집회의 경우에는 제22조 제1항에서 규정되어 있는 특정인 또는 특정 범위의 사람들을 배제할 권리조차 인정되지 않는다. 공개집회가 추구하는 공개성, 특히 공중(公衆)에 대한 일정한 메시지의 전달은 신문, 방송 및 기능적으로 이와 유사한 "새로운" 언론("neue" Medien)[32] 종사자들이 옥내집회의 경우에도 기본법 제5조 제1항 제2문이 보장하는 언론의 정보제공임무를 적절히 수행할 수 있도록 하는 법적 규율에 대한 충분한 근거를 제공한다. 이는 언론종사자들의 집회에 대한 접근이 방해받지 않을 것을 전제로 한다. 하지만 그러한 접근을 위해서는 통상적인 증명서, 즉 언론협회(Medienverbände)가 발급하고 행정청과 기관을 통해 통상적인 방법으로 인증받은 증명서─오늘날에는 이를 '기자증(Presseausweise)'이라고 부른다─를 통해 언론인임을 증명하여야 한다. 언론 종사자가 집회에서의 행위를 통해 집회의 질서를 중대하게 어지럽히는 경우에만 제6조 제4항에 따라 집회에의 참여가 배제될 수 있다.

---

32) [역주] '새로운 언론'이란 정보나 소식을 대중에게 알리는 것을 목적으로 한다는 점에 있어서는 신문, 방송과 기능적으로 유사하나, 정보통신기술(ICT)에 기반하여 양방향 통신이 가능하다는 점에서 차이가 있다. 인터넷매체, 유튜브 채널 등이 있다.

제23조 제한, 금지, 해산

(1) 권한 있는 행정청은 처분을 행할 당시에 인식 가능한 제반 사정을 고려할 때 다음 각 호에 대한 직접적인 위험이 발생하는 경우 옥내집회의 진행을 제한하거나 금지할 수 있고, 집회가 시작된 이후에는 그를 해산할 수 있다.

1. 집회의 비평화적인 진행

2. 사람의 생명 또는 건강

3. 중범죄(重犯罪, Verbrechen) 또는 직권으로 소추할 수 있는 경범죄(輕犯罪, Vergehen)에 해당하는 발언이 집회에서 행해지는 경우

(2) 금지나 해산은 제한만으로는 충분하지 않는 경우에만 허용된다.

(3) ¹공개집회로부터 제1항에서 열거하고 있는 법익에 대한 위험이 발생할 것이라는 사실상의 근거가 존재하는 경우 경찰공무원은 집회에 출입할 수 있다. ²경찰공무원은 집회주관자가 그들의 출입을 인식할 수 있도록 하여야 한다.

(4) ¹제1항에서 열거하고 있는 법익에 대한 직접적인 위험이 제3자에 의해 발생되는 경우, 위험방지를 위한 조치는 이들에게 취해져야 한다. ²주와 연방 경찰력의 동원을 통해서도 위험이 방지될 수 없는 경우에는, 위험을 야기하지 않은 집회에 대하여 제1항과 제2항에 따른 조치들을 취할 수 있다.

(5) 제한이나 금지가 행해져야 하는 경우, 이러한 처분을 정당화시키는 전제조건들이 확인된 후에는 지체 없이 그 사실을 고지하여야 한다.

(6) ¹집회의 개시 후에 행해지는 제한처분이나 해산의 고지는 처분의 사유를 적시하여 행하여야 한다. ²제1문에 따른 처분에 대한 이의신청 및 취소소송에는 집행정지효가 인정되지 않는다.

(7) ¹집회의 해산이 선언되는 경우 집회에 참석해 있던 모든 사람들은 지체 없이 집회장소에서 떠나야 한다. ²해산된 집회를 대신하여 대체집회를 진행하는 것은 금지된다.

▌▌▌입법이유▌▌▌

I

비록 기본법 제8조가 옥내집회에 대해서는 법률유보를 규정하고 있지

않지만 옥내집회에 대한 규율이 전적으로 배제되는 것은 아니다. 기본법 제8조의 규정 자체를 구체화하는 것 외에도 침해적 성격을 가지지 않는 규정을 정립할 여지는 있으며, 헌법 내재적인 제한을 규정하는 경우, 특히 헌법상 법익 간의 충돌을 해결하기 위한 경우라면 침해적 성격을 갖는 규정 또한 정립할 수 있다. 이 경우에도 법률유보의 원칙은 적용된다(BVerfGE 83, 130 [142]; 108, 282 [297, 311]; 111, 147 [157 f.] 참조). 단순한 회합(會合, Zusammenkünfte)이 기본법 제8조에 따른 기본권적 보호를 누리지 못하는 한 ―비평화적 집회 또한 기본법 제8조에 따른 기본권적 보호를 누리지 못한다― 평화명령(Friedlichkeitsgebot)의 이행을 위해 고권적 조치를 통한 제한권한을 규정하는 것은 기본권에 반하지 않는다. 마찬가지로 그것이 헌법 내재적 한계를 준수하는 데 기여하는 한, 기본법 제8조상의 집회에 대한 제한권한을 부여하는 것은 문제가 되지 않는다.

II

제23조와 유사한 수권규정은 연방집회법 제5조와 주집회법(예를 들면 바이에른주 집회법 제12조, 작센주 집회법 제13조, 작센-안할트주 집회법 제11조) 및 여타 법률안들(예를 들면 § 12 LVersG-E BW, § 11 VersG-E-GdP)에서도 찾아볼 수 있다. 그러나 연방집회법 제5조는 금지에 대한 권한만을 부여하고 있으며, 제한통고나 집회 개시 후의 해산에 대한 권한은 규정하고 있지 않다. 그럼에도 불구하고 제한통고는 실무상 소위 마이너스 처분(Minusmaßnahmen)이라는 법형식에 근거한 것으로서 그 허용성에 대해서는 문제가 없다고 여겨져 왔다(A. Dietel/K. Gintzel/M. Kniesel, Versammlungsgesetz, 15. Aufl., 2008, § 5, Rn. 43 ff. 참조). 그러나 만약 제23조에서 ―연방-주 집회법 초안 제11조 제1항과 제2항과 유사하게― 제한과 해산을 명시적으로 규정한다면, 더 이상 이러한 법형식을 원용할 필요는 없게 된다.

제13조에서와 마찬가지로 제23조에서는 ―집회법에 관한 최근의 규

정들과는 달리― 집회 시작 전의 행정청의 개입과 집회 시작 후의 행정청의 개입에 대한 수권을 구분하고 있지 않다. 양자의 실질적인 요건이 동일하기 때문에, 제23조는 단일한 수권을 규정하고 있다. 그러나 구체적 사안에서 제23조를 적용함에 있어서는 양자 간에 위험상황과 처분의 비례성에 대한 요건에서 차이가 있을 수 있다는 점을 고려하여야 한다. 특히 제23조는 필요한 조치가 집회 시작 이후에도 충분히 효과적으로 이루어질 수 있다면 집회 시작 전의 예방적 제한은 허용되지 않는다고 규정하고 있다.

그러나 제23조는 절차법적인 관점에서는 처분의 시점에 따른 차이를 인정하고 있다. 이와 관련된 규정들 중 일부는 현행 집회법 규정들에서는 그 전례를 찾아볼 수 없다.

III

1. 금지, 제한 또는 해산의 기준이 되는 요건은 처분이 집회의 시작 전에 행해지는지 아니면 집회의 시작 후에 행해지는지와 상관없이 실질적인 관점에서는 동일하다. 따라서 이 점에 있어서는 집회 시작 전과 후의 처분 간에 구분은 하지 않고 있다.

a) 전체적인 관점에서 비평화적으로 진행되는 집회는 집회의 자유의 보호를 전혀 받지 못한다. 비평화적으로 행동하는 개별 집회참가자 또한 집회의 자유의 보호를 누리지 못한다. 기본권적 보호가 이루어지지 않는다면 법익보호를 위한 집회법상의 제한들은 기본법 제8조를 기준으로 하여서는 안 된다.

제23조 제1항 제1호는 집회가 비평화적으로 진행될 직접적인 위험이 존재하는 경우에 있어서의 제한과 금지에 대한 권한을 부여하고 있다. 비평화성(Unfriedlichkeit)이라는 개념은 기본법 제8조 제1항에서와 동일하다(이에 대해서는 BVerfGE 73, 206 [248]; 87, 399 [406]) 참조). 그러나 제23조 제1항 제1호는 처분을 행할 당시에 인식 가능한 제반 사정에 따를 때 집회가 비평화적으로 진행될 직접적 위험이 있는 것만으로도 충분하다.

위험이 있다고 판단할 근거가 존재하는 경우에는, 위험예측에 있어 기본권적 보호 자체가 박탈된다는 의미에서의 비평화성이 실제 존재하는지에 대한 규명과 상관없이 헌법에 근거한 보호임무를 작동시키기에는 충분하다. 왜냐하면 직접적 위험이 존재하는 상황에서 고권적 조치를 할 수 있도록 하는 경우에만, 비평화적인 집회를 배제하기 위한 헌법적 임무를 효과적으로 수행할 수 있기 때문이다.

b) 제1항 제2호, 제3호에 열거된 위험의 구성요건(Gefahrentatbestände) 들은 헌법에 의해 직접적으로 보호되는 법익의 보호를 목적으로 하는 수권의 구성요건요소들이다. 사람의 생명과 건강(제1항 제2호)이 이에 해당한다. 이러한 보호법익에 대한 직접적 위험이 존재한다고 판단할 사실상 근거가 존재하는 한 그 보호를 목적으로 하는 집회의 금지 또는 제한은 헌법적으로 아무런 문제가 되지 않는다.

그 방지가 제1호와 제2호에 포함되지 않는 '특정한 범죄를 저지를 위험'에 대해서는 제1항 제3호가 고려하고 있다. 옥내집회의 자유에 대한 제한 필요성은 특히 중대한 표현범죄(Äußerungsdelikten)[33]의 경우에 존재한다. 이때에도 형벌규정을 통해 헌법에 의해 직접적으로 보호되는 법익과 관련될 것을 전제로 한다. 통상 중범죄 또는 직권으로 소추할 수 있는 경범죄의 대상이 되는 표현이 집회에 귀속 가능한 방법으로 행해지는 경우에 표현범죄의 성립을 인정할 수 있다. 그러한 표현의 저지를 위한 제한은 기본법 제5조 제2항에 근거한 것으로서 헌법에 합치한다. 그러한 조치는 집회와 관련해서도 행해질 수 있다. 다만 예외적으로 형법규정에 근거한 보호를 함에 있어 충돌하는 법익이 헌법으로부터 직접적으로 보호되는 법익이 아닌 경우에는, 본 조항의 헌법 조화적 적용에 있어 이러한 사실을 고려하여야 한다.

---

33) [역주] 표현범죄란 독일의 형법과 민법 모두에서 사용되고 있는 용어인데, 그것은 그 자체로 위법한 (의사)표현을 전파하는 행위를 제재하기 위한 요건을 일컫는 말이다. 이러한 표현범죄의 구성요건의 핵심은 의사소통의 수단인 언어나 그림을 통하여 사람을 경멸한다는 것과 관련 있다.

c) 제1항에 따른 수권에 있어, 구체적인 사안에 있어 사태의 진행을 저지하지 않으면 집회의 자유에 배치되는, 법적으로 보호되는 이익에 대한 손해가 발생할 고도의 개연성이 있다는 사정을 전제로 한다. 즉, 위험을 정당화하는 사실의 존재를 전제한다. 단순한 의심이나 일반적인 추측만으로는 충분하지 않다.

d) 다수의 법률 및 법률안과는 달리 "공공의 평온에 대한 장해(Störung des öffentlichen Friedens)"에 근거한 옥내집회의 제한 가능성은 배제하였다. 공공의 평온에 대한 장해라는 구성요건요소는 집회의 비평화성이라는 개념과 일치하는 것이 아니다. 또한 그것은 헌법에 의해 직접적으로 보호되는 법익에 대한 위험이 존재하는 경우에만 제한할 수 있음을 의미하는 것도 아니다.

e) 위험방지를 위하여 집회의 제한 또는 금지가 행해질 수 있으며, 집회 시작 후에는 집회를 해산할 수 있다. 제23조 제1항은 ―제13조 제1항에서와 마찬가지로― 행정청의 이러한 권한을 규정하고 있다. 제13조에서처럼 과거에는 일반적이었던, 그러나 법리적으로 오해를 불러일으키는 '부담'이라는 개념은 사용하지 않았다. 그 구체적인 이유에 대해서는 제13조에 대한 설명을 참고하기 바란다.

2. 처분의 종류를 결정함에 있어서는 비례의 원칙에 유의하여야 한다. 이 원칙에 대해서는 제2항이 고려하고 있다. 통상 집회에 대한 제한은 금지나 해산에 비해 침해의 강도가 낮은 수단이다.

3. 제3항에서는 옥내공개집회에 참여할 수 있는 경찰공무원의 권리에 대해 명시적으로 규정하고 있고, 그러한 권리는 제1항에서 열거된 법익에 대한 직접적인 위험이 존재할 것이라는 사실상의 근거의 존재와 결부되어 있다. 현재까지의 규정들에서는 ―예를 들면 연방집회법 제12조에서처럼― 어떠한 구성요건적인 전제조건을 충족하여야 경찰공무원이 해당 집회에 참여함으로서 발생할 수 있는 집회의 자유나 주거의 자유 (기본법 제13조)에 대한 사실상의 침해가 용인될 수 있는지는 규명되지 않았다. 그 대신 공개집회에의 경찰공무원의 '파견(Entsendung)'에 대해 규

정하였으나, 파견의 전제조건을 구체적으로 언급하지는 않았다. 이러한 규정은 경찰공무원은 옥내집회에 당연히 출입할 권한을 갖는다는 것에 근거하고 있음이 분명하다. 경찰공무원의 출입 및 그와 결부되는 집회 상황에 대한 고권적인 감시 가능성이 침해적 성격을 가질 수 있기 때문에 (비록 무조건적으로 가지는 것은 아니지만) 제23조 제3항에서 명시적인 수권을 마련하였다. 다만 그러한 수권은 제1항에 의해 보호되는 법익에 대한 위험의 존재로 인하여 기본권 제한의 정당성이 인정되는 상황으로 제한하였다. 위축효과를 방지하기 위하여 경찰공무원의 출입은 최소한 집회주관자가 인식할 수 있는 방법으로 이루어져야 한다.

4. 직접적 위험이 제3자에 의해 야기되는 경우에는 직접적 위험을 야기한 제3자를 대상으로 위험방지 조치를 하여야 한다(BVerfGE 69, 325 [360 f.] 참조). 경찰-질서법에서 일반적으로 적용되는, 그러나 집회 실무에서는 항상 준수되는 것은 아닌 이 원칙은 제4항 제1문에서 명시적으로 강조하고 있다.

그러나 직접적 위험을 야기하는 경찰책임자를 대상으로 한 처분을 통해 위험이 방지될 수 없는 경우에는 예외적으로 '최후의 수단'(ultima ratio)으로서, 그리고 법치국가의 원리와 특히 비례의 원칙을 근간으로 하고 있는 소위 경찰긴급상황의 전제조건을 준수하는 조건으로 집회 또는 개별 참가자를 대상으로 위험방지조치가 행해질 수 있다. 본 규정은 제13조 제3항과 부합하지만 내용적으로는 더 엄격하다. 왜냐하면 공공의 안녕에 대한 직접적 위험만으로는 구성요건적으로 충분하지 않고, 추가적으로 제1항의 구성요건적 전제조건들이 충족될 것을 요구하기 때문이다.

긴급상황에서 집회의 금지 또는 해산에 대하여 특히 엄격한 요건을 규정하고 있는 제13조 제3항 제3문에 상응하는 규정은 옥내집회의 경우 제23조 제1항에서 이미 제한을 위한 요건을 엄격하게 정하고 있음을 고려할 때 불필요하다.

이 외의 내용은 제13조 제3항에서의 설명을 참고하기 바란다.

5. 제5항은 ─제13조 제4항과 마찬가지로─ 효과적인 권리구제, 특히

가구제(假救濟)의 실현을 위하여 제한 또는 금지는 그 전제조건이 확인되는 즉시 지체 없이 고지되어야 한다는 것을 규정하고 있다. 보다 자세한 이유는 제13조에 대한 설명을 참고하기 바란다.

6. 집회의 시작 후에 행해지는 제한통고 및 집회의 해산에 대하여 제6항 제1문은 ―제13조 제5항 제1문과 마찬가지로― 특별한 절차법적 요건, 즉 모든 참여자들에게 처분의 이유를 고지할 것을 규정하고 있다. 이러한 고지는 상황의 구체화에 기여하고 법적 안정성을 구현한다. 이 점에 대해서도 제13조의 설명을 참고하기 바란다.

7. 집회법상 처분은 통상적인 경우에는 ―특히 경찰공무원의 유예할 수 없는, 즉각적인 집행을 필요로 하는 처분(unaufschiebbare Maßnahmen)과 관련되는 경우― 이의신청과 취소소송은 집행정지효를 갖지 않는다(행정법원법 제80조 제2항 제2호). 이러한 내용을 모든 관련자들에게 의문의 여지없이 명확히 하기 위하여, 그리고 동시에 이러한 결과를 경찰공무원이 아닌 질서행정청이 처분을 행하는 경우에까지 규정하기 위하여 제6항 제2문은 ―제13조 제5항 제2문과 마찬가지로― 집회 시작 이후에 행해지는 모든 제한 또는 해산에 대한 이의신청 또는 취소소송의 집행정지효를 배제하고 있다.

8. 제7항 제1문은 집회에 참석해 있던 모든 사람들이 집회의 해산 후에 지체 없이 집회 장소에서 떠나야 함을 규정하고 있다. 집회법에 규정된 이러한 퇴거의무가 없다면, 방지되어야 할 위험이 단지 사람들이 함께 머무름으로써 지속될 위험성이 존재한다.

그러나 만약 행정청이 집회법 이외의 사유로 ―예를 들면 형사소추와 관련된 신원확인을 위하여 또는 해산 후에 발생할 수 있는 위험의 방지를 위하여― 집회법 이외의 권한에 근거하여 특정한 사람들에게 그 장소에 머무르도록 명령하는 경우에는 퇴거의무가 면제된다(제13조 제6항 제1문에 대한 이유 참고).

고권적 임무를 수행하기 위해 그 장소에 머무르는 경찰력에 대해서는 제7항 제1문은 적용되지 않는다.

9. 제7항 제2문에는 —제13조 제7항 제2문과 마찬가지로— 해산된 집회 대신에 대체집회를 진행하는 것은 금지된다고 명시하고 있다.

제24조 참가 또는 체류 금지 및 배제

(1) 처분을 행할 당시에 인식할 수 있는 제반 사정에 따를 때 집회를 진행하는 경우 제23조 제1항에서 의미하는 직접적 위험이 특정인에 의하여 발생하는 경우, 권한 있는 행정청은 그 사람의 옥내집회에의 참가 또는 체류를 집회의 시작 전에 금지할 수 있다.

(2) ¹집회에서의 행위를 통해 제23조 제1항에서 의미하는 직접적 위험을 야기하는 자는 집회주관자가 이를 저지하지 않는다면, 권한 있는 행정청에 의해 배제될 수 있다. ²집회에서 배제된 사람은 지체 없이 퇴거하여야 한다.

▮▮▮ 입법이유 ▮▮▮

I

옥내집회와 관련하여 위험방지를 위해 참가금지 또는 특정인을 집회에서 배제할 필요가 있을 수 있다. 참가금지는 초청을 하는 시점에서 집회주관자에 의해 이루어질 수 있다(제22조). 집회주관자는 제6조 제4항에 따라 배제권한을 행사한다. 제23조 제1항에서 의미하는 충분한 위험이 존재하는 경우 제24조에 따라 참가금지 또는 배제에 대해 결정하는 것은 권한 있는 행정청의 임무이다.

II

연방집회법 제17a조 제4항 제2문, 제18조 제4항 및 제19조 제4항은 옥외집회에 대해서만 행정청의 배제권한을 규정하고 있다.

III

1. 참가 또는 체류의 금지, 그리고 집회 시작 후 특정인 —집회참가자

또는 제3자— 의 집회에서의 배제는 집회의 금지 또는 해산에 비해 완화된 수단이기 때문에 이러한 권한은 —옥외집회에 대해 제14조가 규정하고 있는 것과 마찬가지로— 옥내집회에 대해서도 규정되어야 한다. 그러나 이러한 권한은 극히 드물게만 사용되어야 한다. 즉 이러한 수단은 제23조의 전제조건이 존재하는 경우에만 고려되어야 한다. 주최자(제22조 제1항) 또는 행정청(제24조 제1항)에 의한 참가금지에도 불구하고 특정인이 집회에 참가하는 경우, 그 자체가 집회에서의 배제를 정당화하는 것은 아니다. 오히려 집회에서의 배제는 제23조 제1항에서 의미하는 직접적인 위험이 그 사람의 체류에 의해 발생할 것을 전제로 한다.

배제된 사람은 퇴거에 관한 추가적인 명령을 발하지 않아도 지체 없이 퇴거할 의무를 가진다. 퇴거하지 않으면 주경찰법 제9조에 따라 추가적인 경찰법상의 조치들이 행해질 수 있다.

2. 제24조에 따른 명령에 대한 위반은 제28조 제1항 제11호에 따라 질서위반행위에 해당한다.

제25조 검문소

(1) [1]무기를 휴대하였거나 제8조 제2호에서 의미하는 물건의 투입이 옥내집회의 진행에 있어 제23조 제1항에 따른 위험을 야기할 것이라는 사실상의 근거가 존재하는 경우, 사람의 신체나 물건을 수색하기 위하여 집회의 진입로에 검문소를 설치할 수 있다. [2]수색은 경찰법에 따라서 행한다. [3]검문소는 수색이 신속히 실시될 수 있도록 설치되어야 한다.

(2) 신원확인 및 그 밖에 질서행정청에 의한 조치 또는 형사절차상의 조치는 검문소에서 제8조에 대한 위반이 임박하거나 형사처벌이 가능한 행위를 범할 것이라는 사실상의 근거가 존재하는 경우에만 허용된다.

▌▌▌ 입법이유 ▌▌▌

I

본 규정은 제15조의 검문소에 관한 규정에 상응하는 것으로, 옥내에서 집회를 할 권리에 대한 제한에 있어 요구되는 특수한 헌법적 요청들에 부합하도록 수정한 것이다. 옥내집회에 대해서도 집회라는 특수한 상황하에서 행해지는 처분의 특성상 그에 관한 규율은 집회법에 규정될 것이 요구된다. 이러한 규정을 통하여 집회와 관련된 검문소를 설치하기 위하여 제9조 제1항에 따른 그 밖의 경찰법상 권한을 원용하는 것을 배제할 수 있다. 다만 검문조치의 시행은 제25조가 정하는 기준에 따라 일반경찰법이 적용될 수 있다.

II

지금까지의 집회법은 검문소에 관한 규정을 두고 있지 않았다. 이 때문에 현재까지 집회 진입로에 검문소를 설치하는 것은 일반경찰법에 근거하였는데, 일반경찰법은 단지 부분적으로만 집회의 특수성에 부합하는 구성요건들을 포함하고 있다(예를 들면 노르트라인-베스트팔렌주 경찰법 제12조 제1항 제4호). 그러나 검문소의 설치가 집회에 대하여 가지는 특수성을 고려할 때, 집회 특수적인 구성요건의 체계상 위치는 집회법에 있어야 한다. 검문소에 관한 현재까지의 경찰법상 규정들은 내적 집회의 자유 보호에 기여하는 특수한 대책들을 마련하고 있지 않다.

III

제1항은 옥내집회에서 무기 또는 제8조 제2호에서 열거하고 있는 무기와 유사한 물건의 발견을 목적으로 검문소를 설치하기 위해서는, 집회의 진행과 관련하여 제23조 제1항에서 의미하는 위험이 존재할 것을 요구한다. 또한 제1항은 제23조 제1항에 규정된 가중된 위험을 참조하도록 하여 옥내집회에 대한 특수한 헌법적 보호를 고려하고 있다. 그 밖의 내용에 대해서는 제15조의 옥외집회에 관한 규정의 이유를 참고하기 바란다.

제26조 촬영, 녹음 및 그 저장

(1) [1]제23조 제1항의 요건이 충족되는 경우 권한 있는 행정청은 옥내공개집회에서 또는 옥내공개집회와 관련하여 위험방지를 위한 조치가 필요하다면 특정인에 대한 촬영, 녹음 및 그 저장을 할 수 있다. [2]촬영물의 저장[34]은 불가피하게 다른 사람이 포함되는 경우에도 행해질 수 있다. [3]촬영과 그 저장은 공개적으로 행해져야 한다.

(2) 신원이 확인되고 저장의 목적이 침해되지 않는 한, 제1항에 따른 저장의 대상자에게 그러한 조치에 관하여 지체 없이 통보하여야 한다.

(3) 촬영물은 다음 각 호의 경우에도 사용될 수 있다.

1. 제23조 제1항에서 의미하는 위험을 야기한 집회에서 또는 그 집회와 관련하여 행해진 범죄행위에 대한 형사소추

2. 집회에서 또는 집회와 관련하여 대상자로부터 제23조 제1항에서 의미하는 위험이 발생하였고, 장래의 집회에서 그 사람에 의해 다시 제23조 제1항에서 의미하는 위험이 발생할 것이 우려되는 경우, 그 위험방지

(4) [1]촬영물은 집회 또는 시간적, 내용적으로 그것과 직접적으로 관련 있는 사건이 종료된 후에 지체 없이 폐기하여야 한다. [2]촬영물이 제3항에 열거된 목적을 위해 필요한 경우에는 그러하지 아니하다. [3]제3항의 목적을 위해 이용되는 촬영물은 그것이 권리구제나 사법절차의 대상물 또는 증거물이 아닌 한 촬영된 후 1년이 경과하면 폐기하여야 한다.

(5) 제1항에 따른 촬영, 녹음 및 그 저장, 그리고 제3항에 따른 촬영물 사용의 사유는 기록하여야 한다.

▌▌▌ 입법이유 ▌▌▌

I

1. 본 규정은 옥내집회에서의 촬영과 녹음, 그리고 그 저장에 관한 권한을 규정하고 있다. 법률유보 없이 보호되는, 옥내에서 집회할 권리에 대한 제한으로서의 제26조의 권한은 집회의 자유의 보호영역을 구체화

---

34) '촬영물의 저장'은 Aufzeichnung을 번역한 것으로써 촬영과 그 저장을 모두 포함하는 개념이다. 즉 단순한 촬영(Aufnahme)과는 구별되는 개념이다.

하는 것이 아닌 한, 충돌하는 헌법적 권리를 통한 정당화를 필요로 한다 (이러한 조치가 갖는 특수한 침해적 성격에 관해서는 제16조의 이유 참고). 따라서 본 규정은 제한 및 금지의 구성요건과 관련하여 집회의 자유의 헌법 내재적 한계를 형성하고 있는 제23조 제1항의 침해요건과 연계되어 있다.

2. 옥내집회의 조망가능성을 고려하여 조망촬영 권한은 별도로 규정하지 않았다. 또한 경찰력 투입의 단순한 편의를 위해서는 조망촬영으로 인해 발생할 수 있는 법률유보 없이 보장되는 집회의 자유에 대한 침해를 정당화할 수 없다. 구체적 위험이 존재하는 경우에는 모범초안에서 허용하고 있는 권한만으로도 충분하다. 옥내집회의 경우 비공개 정보수집 권한 또한 필요하지 않다.

3. 제26조의 권한은 옥내집회와 관련하여 제23조 제1항에서 의미하는 위험방지에 기여한다. 본 권한은 예방적 범죄대처(vorbeugende Verbrechensbekämpfung) 수단은 허용하지 않는다. 단지 제3항이 허용하는 범위 내에서 구체적 위험 방지를 위해 수집된 정보를 다른 목적을 위해 사용할 수 있다. 이 조항은 그 밖의 사용가능성으로 범죄행위에 대한 형사소추와 장래의 위험방지를 규정하고 있다. 목적변경에 관한 두 조항은 "정보의 사용요건은 원칙적으로 수집요건에 부합하여야 한다"는 정보보호법상 원칙을 충족시키기 위하여, 옥내집회를 하는 공간에서 발생하는 범죄행위의 중대성을 제23조 제1항 제3호의 요건과 결부시키고 있다(B. Pieroth/B. Schlink/M. Kniesel, Polizei- und Ordnungsrecht, 5. Aufl., 2008, § 15 Rn. 12 ff.).

4. 통보의무는 관계인의 권리구제가능성을 담보하고, 폐기규정은 충분한 정보보호를 보장하며, 기록의무는 행정청의 조치에 대한 내부적·외부적 심사를 용이하게 한다.

II

연방집회법은 이와 유사한 조항을 두고 있으나, 옥내집회에 대한 제한에 있어 설정되어야 할 특수한 정당화 요건들에는 부합하지 않는다.

이러한 결함으로 인하여 연방집회법상 규정은 여러 차례 위헌결정을 받았거나, 적어도 헌법합치적 해석이 필요하다고 간주되어 왔다(VGH Baden-Württemberg NVwZ 1998, 761 [762]; A. Dietel/K. Gintzel/M. Kniesel, Versammlungsgesetz, 15. Aufl., 2008, § 12a Rn. 7). 연방집회법 규정은 본조와 유사한 정보사용에 관한 조항들도 두고 있다. 다만 이들 조항 역시 옥내집회에 대한 특수한 정당화 요건에는 부합하지 않는다. 연방집회법에서의 보존기간은 3년으로 너무 장기간으로 규정되어 있다. 모범초안에서는 이러한 정보들을 1년이 지난 후에는 권리구제 또는 사법절차로 이어지거나 삭제되어야 하는 의심정보로 정의하였다. 이 외에도 연방집회법 규정은 형사소송법과 질서위반행위법에 따른 권한들은 그대로 적용된다고 규정하고 있다. 그런데 주입법자로서는 이러한 내용을 별도로 언급할 필요가 없는바, 왜냐하면 주입법자는 이에 대한 입법권한을 가지고 있지 않기 때문이다.

Ⅲ

1. 제1항은 촬영, 녹음 및 그 저장의 주된 목적을 규정하고 있다. 이 권한은 집회참가자 또는 다른 사람에 의해 발생하는 위험의 방지에 기여한다. 촬영은 범죄자에 대한 소추가능성을 증대시킴으로써 위축효과를 유발하고, 개별사안에 있어 추가적인 위험방지조치의 시행 및 조정을 원활하게 함으로써 위험방지에 기여한다. 헌법적 정당화를 위하여 제1항은 모든 종류의 위험이 아닌 제23조 제1항이 구체적으로 규정하고 있는 위험만을 대상으로 한다. 본 규정은 개입기준(Eingriffsschwelle)을 낮추지 않았다. 그럼에도 불구하고 침해의 비례성과 관련하여 ―비록 위험의 요건은 완화하지 않았지만― 침해의 강도가 보다 경미한 경우에는 금지나 해산에서와 같은 정도의 발생개연성이 요구되는 것은 아니라는 점은 고려할 필요가 있다(침해정도와 발생개연성 간의 관련성에 대해서는 BVerfGE 100, 313 [392]; 115, 320 [360 f.] 참조).

본 규정은 촬영과 그 저장(개념에 관해서는 제16조의 이유 참조)을 언급하고 있다. 두 조치 모두 기본권 제한을 의미하기 때문에 옥내집회에 있어 원칙적으로 동일한 정당화 요건이 적용되고, 따라서 제1항에서의 촬영과 그 저장은 동일한 전제조건과 결부되어 있다. 그러나 조치의 비례성을 고려할 때, 만약 조치의 목적이 촬영만으로도 달성될 수 있다면 단순한 촬영이 그 저장에 비해 우선되어야 한다.

제3문은 정보보호법상 일반원칙들에 부합하도록 공개정보수집에 대해 규정하고 있다(BVerfGE 122, 342 [373]). 비공개 촬영 권한은 옥내집회에서는 필요하지 않다.

2. 제2항은 사진이 저장된 사람에 대한 통보의무를 규정하고 있다. 정보보호법상 일반원칙에 따를 때, 공개적인 정보수집은 통상 대상자가 정보수집에 대해 고지받을 것을 요구한다(B. Pieroth/B. Schlink/M. Kniesel, Polizei- und Ordnungsrecht, § 13 Rn. 10; T. Petri, in: H. Lisken/E. Denninger, Handbuch des Polizeirechts [Hrsg.], 4. Aufl., 2007, Kap. H Rn. 165, 198). 그러나 옥내집회에 있어서도 별도의 고지의무는 그다지 실용적이지 않다. 따라서 참가자에 대하여 정보수집이 공개적으로 행해진다는 것, 즉 모든 사람이 경찰의 행위를 바로 인식할 수 있는 것만으로도 충분하다. 그럼에도 불구하고 이러한 것이 상대방이 경찰의 촬영을 실제 인식하는 것을 보장하지는 않는다. 나아가 그들은 저장까지 행해지는지 여부에 대해서는 알 수 없다. 따라서 그들의 권리구제 가능성을 보장하기 위하여 한편으로는 촬영물이 저장되고, 다른 한편으로는 사진상에서 신원확인이 되는 경우에는 그들에게 통보하도록 하는 것이 타당하다. 이를 통해 본 규정은 집회에서 정보수집의 공개성이 상대방에 대해서도 보장되는 것의 어려움을 보완하고 있다. 그러나 본 규정은 단지 통보를 가능하게 하기 위하여 저장된 사람의 신원을 확인할 의무는 규정하고 있지 않다. 왜냐하면 이러한 것이 관련자에 대한 정보적 침해를 불필요하게 심화시킬 위험을 내포하고 있기 때문이다.

3. 제3항은 형사소추와 위험방지를 위한 정보의 목적변경을 허용한다. 그러나 목적변경은 다음과 같은 두 가지 관점에서 제한된다. 한편으

로는 변경된 목적 또한 원칙적으로 집회와 특수한 관련성을 가져야 하며, 다른 한편으로는 제23조 제1항에서 의미하는 위험을 야기하는 범죄행위에 대한 의심에만 국한되어야 한다. 본 조항은 목적변경에 대해서만 규정하고 있다. 형사소추와 위험방지를 위한 정보의 사용은 각각의 관련 법률에 따라 이루어진다.

4. 제4항 및 제5항은 삭제의무 및 기록의무에 대한 것이며, 이들 조항은 제16조 제6항 및 제8항에 상응한다. 따라서 이들 조항에 대한 이유는 해당 부분의 설명을 참고하기 바란다.

IV. 범죄행위, 질서위반행위, 몰수, 비용, 손실보상 및 손해배상

제27조 범죄행위

(1) 금지되지 않은 집회를 방해하거나 그 밖에 그 진행을 좌절시키려는 의도로 폭력을 행사하거나 협박하는 사람은 2년 이하의 징역 또는 벌금에 처한다.

(2) 제8조 제2호에 위반하여 집회에서 무기 또는 물건을 소지하는 사람은 2년 이하의 징역 또는 벌금에 처한다. 이 외에도 제8조 제2호에 위반하여 무기나 물건을 집회로 향하는 경로 또는 집회 직후에 소지하거나, 집회장소로 운반하거나 그것을 사용하기 위하여 준비하거나 배포하는 사람, 또는 무장한 질서유지인을 공개집회에 선임하는 사람도 처벌받는다.

(3) 질서유지임무를 적법하게 수행하는 집회주관자 또는 질서유지인에 대하여 폭력 또는 이에 대한 협박을 하거나, 질서유지임무를 적법하게 행사하는 동안 이 사람들에 대하여 중대한 폭력을 행사하여 공격하는 자는 1년 이하의 징역 또는 벌금에 처한다.

▌▌▌입법이유▌▌▌

I

제27조는 평화명령을 위반하는 등 특히 위험한 행위유형에 대한 형사

제재를 규정하고 있다. 집회참가자의 과도한 범죄화를 방지하기 위하여 범죄구성요건 목록을 엄격하게 규정하였다. 또한 집회법적 관점에서는 범죄구성요건의 제한과 이를 대신한 질서위반행위로의 편입은, 범죄행위에 적용되는 소추강제(Verfolgungszwang, 형소법 제163조)가 적용되지 않고 편의주의원칙이 적용된다는 집행목적상 중요한 결과를 가져온다. 이는 행정청에 대하여 유연한 대응방식을 가능하게 하는데, 이를 통해 집회진행에 있어 발생할 수 있는 추가적인 갈등고조와 이에 따른 추가적인 법위반을 피할 수 있게 된다. 만약 합법성의 원칙(Legalitätsprinzip)이 적용된다면 경찰공무원은 실질적으로는 정당화될 수 있는 유연한 대응방식에 있어서도 ―과거 자주 볼 수 있었듯이― 공무상 처벌방해죄를 이유로 기소되는 위험에 노출될 수 있다.

II

형사제재에 대해서는 연방집회법 제21조에서 제28조, 그리고 주집회법(Art. 20 BayVersG, §§ 21-28 SächsVersG, §§ 20-27 VersammlG LSA)에 규정되어 있는바, 이들 규정은 모범초안 제27조에 비해 광범위하다. 다른 한편으로 연방집회법 제22조, 제24조, 제27조는 공개집회에 대해서만 형사제재를 규정하고 있다.

III

1. 집회 또는 그 주변에서의 행위에 대한 범죄화는 시민적 자기결정에 관한 기본권으로서의 집회의 자유 보장의 의미를 고려할 때 특별한 정당화를 필요로 한다. 또한 이 법률에서는 수많은 불확정 법개념을 불가피하게 사용하고 있는바, 강력한 형벌화는 집회참가자에 대하여 불안, 심지어는 위협적으로 작용할 수 있다. 다른 한편으로 폭력적인 행위와 무기의 소지 및 준비 또는 평화명령을 위반하는 행위에 대한 형사처벌은 기본법 제8조에 반하지 않는다. 그러한 행위유형은 집회의 자유의 보호범위로부터 제외된다. 따라서 기본권적인 관점에서 그러한 행위에 대

해 다른 사람의 신체, 생명에 대한 위험성을 이유로 형사제재를 규정하는 것은 정당화된다. 제1항과 제2항은 이에 대해 규정하고 있다.

2. 제3항은 법률에서 질서유지임무를 부여하고 있는 사인, 즉 집회주관자와 질서유지인에 대한 보호를 강화한다. 그들은 형벌위협(Strafandrohung)을 통해 폭력적인 공격으로부터, 그리고 폭력 또는 폭력에의 협박을 통해 그들의 질서유지임무의 적법한 행사에 저항하는 행위로부터 보호되어야 한다. 저항은 집회참가자 또는 제3자에 의해 이루어질 수 있다. 폭력행사 또는 폭력에의 협박이 집회를 방해하거나 그 진행을 포기시키기 위한 목적으로 이루어진다면 제1항에 근거하여 형사처벌된다.

경찰공무원에 대한 저항에 대해서는 이와 유사한 제재규정을 필요로 하지 않는다. 이때에는 형법 제113조가 적용되기 때문이다.

제3항은 비공개 집회의 진행에 대해서도 형사제재를 규정하고 있다는 점에서 연방집회법 제22조, 제24조, 제27조에 비해 범죄구성요건이 확대되었다.

3. 상이한 불법성을 고려하여 제1항과 제2항의 구성요건과 제3항의 구성요건으로 형량을 구분하였다.

4. 제27조에서는 복면 및 보호장구금지(제17조), 그리고 군사행위금지(제18조)의 위반에 대해서는 형벌 규정을 두지 않았다. 물론 이러한 규정 위반에 대한 형사제재에 대하여 제기되는 법치국가적 의문은 제17조와 제18조의 구성요건이 다른 규정들에 비해 제한적으로 규정되어 있으며, 제재 이전에 명령을 통한 금지의 구체화가 이루어진다는 점에서 해소될 수 있다. 그러나 다른 한편으로는 제17조와 제18조의 금지들은 공개적인 논의에서 종종 인식되는 것과는 달리 집회실무상 큰 의미를 가지는 것은 아니라는 점도 고려되어야 한다. 따라서 이러한 행위는 질서위반행위로 제재하는 것만으로도 충분하다.

제1항과 제2항에서 규정되어 있는 최고형 2년은 형법시행법(EGStGB) 제1조 제1항 제1호에서 주법 규정에 대해 정하고 있는 최고형에 부합한다.

제28조 질서위반행위

(1) 다음 각 호에 해당하는 사람은 질서위반행위를 한 것이다.

1. 제10조에 따라 필요한 신고 없이 또는 제10조 제2항에 따른 정보를 포함하지 않거나 본질적인 관점에서 내용이 부정확한 신고를 한 후에 옥외공개집회를 진행한 사람

2. 제12조 제2항 제1문에 따른 예정된 질서유지인의 이름, 주소를 통보하라는 요구에 응하지 아니하거나, 제12조 제2항에 따라 권한 있는 행정청에 의해 거부된 사람을 질서유지인으로 선임한 사람

3. 진행이 금지되었거나 해산명령이 내려진 집회에의 참가를 촉구한 사람

4. 중지명령에도 불구하고 집회 진입로 또는 행진이 예정된 도로를 차단하거나, 집회의 진행을 중대하게 방해하거나 곤란케 하려는 목적을 가지고 그 밖의 방법으로 집회를 방해한 사람

5. 옥외공개집회를 신고(제10조) 내용과 현저히 다르게 진행하는 집회의 주최자 또는 주관자

6. 제13조 제1항 및 제2항, 제23조 제1항 및 제2항의 요건하에서 행해진 제한, 금지 또는 해산에 위반하여 행동한 사람

7. 복면 및 보호장구금지(제17조) 또는 군사행위금지(제18조)의 집행을 위한 명령에 위반한 사람

8. 제19조에 따른 제한 또는 금지에 반하여 행동한 사람

9. 제20조 제2항에 따른 신고를 하지 아니하거나 제20조 제3항과 제5항에 따라 행해진 제한 또는 금지에 위반하여 제20조 제1항에 따른 보호구역 내에서 공개집회를 진행하거나 참가한 사람

10. 법원의 가구제 절차에서 행해진 집회권 행사 제한에 반하여 행동한 사람

11. 제14조 제1항, 제24조 제1항에 따라 이루어진 집회 참가금지 또는 체류금지 명령에도 불구하고 집회에 참여한 사람 또는 제14조 제2항, 제24조 제2항에 따른 집회로부터의 배제명령 이후에 지체 없이 그 장소를 떠나지 아니한 사람

12. 제13조, 제23조의 요건하에서 이루어진 집회의 해산에도 불구하고 지체 없이 떠나지 아니한 사람

(2) 질서위반행위는 3,000유로 이하, 제1호와 제4호의 경우에는 1,500유로

이하의 과태료가 부과될 수 있다.

▌▌▌ 입법이유 ▌▌▌

I

1. 제28조에 따를 때 본법 규정에 대한 위반은 질서위반행위로 제재할 수 있다. 질서위반행위로 제재할 수 있는 가능성은 집회에 있어 발생할 수 있는 위험상황을 고려할 때, 행정청이 집회법상의 명령 또는 금지의 관철을 위한 처분 및 강제처분을 하지 않을 수 있는 충분한 이유를 제공할 수 있다는 점에서 중요하다. 그럼에도 불구하고 집회법상 규정들의 구속성이 과태료 규정을 통해 강화될 수 있다. 과태료 부과에 대해서는 주법에 규정되어 있는 과태료 담당행정청이 관할권을 갖는다.

2. 집회법에서 질서위반행위의 구성요건을 규정하는 것은 비난 가능한 잘못된 행위에 대한 국가적인 질책(Tadel)과 이와 연계된 진압적인 제재를 의미한다. 연방헌법재판소는 이를 '중대한 의무위반 및 당사자에 대한 공식적인 비난'이라고 표현하였으며, 3000유로 이하에 해당하는 과태료 규정은 심각한 부담이라고 말하였다(BVerfGE 122, 342 [363]). 특히 연방헌법재판소는 집회의 자유라는 기본권의 행사가 이러한 방법으로 개인적 제재가 뒤따르게 된다는 예측하기 어려운 리스크와 연계될 것이며, 그러한 리스크는 기본적이고 민주적인 의사소통기본권(Kommunikationsgrundrecht) 행사의 자유를 박탈할 수 있다고 언급한 바 있다(BVerfGE 122, 342 [365]). 비록 이러한 서술이 가명령(einstweilige Anordnung) 발부에 관한 가구제결정에서 이루어졌기는 하지만, "입법자가 집회의 자유라는 기본권의 행사에 대한 영향을 심사하여야 하고, 특히 무지(無知) 또는 법적 의무의 잘못된 평가에 따른 리스크를 국민이 부담하지 않도록 최대한 노력하여야 한다"는 법원의 견해를 명확히 하고 있다. 이와 관련하여 연방헌법재판소는 행정행위를 통하여 의무를 구체화하는 것이 갖는 법치국가적

기능을 강조하였으며, 이러한 의무와 연계되어 있는 리스크는 가치판단에 의존하기 때문에 구체화를 필요로 한다는 점을 강조하였다(BVerfG 122, 342 [364 f.]).

연방헌법재판소는 법치국가적 요청의 보장 필요성과 위반 시 과태료가 부과되는 의무의 부과로 인한 위축효과의 방지 필요성을 언급하면서 그러한 의무의 이행 여부는 "종종 예측할 수 없고, 변화가 심하며, 그리고 감정이 지배하는 상황에서의 평가에 의존하고 있다"는 점을 지적하고 있다(BVerfGE 122, 342 [365]). 이러한 연방헌법재판소의 견해는 입법자는 그 위반이 불법이라고 판단하기에 충분한 것으로서, 구성요건이 충분히 명확한 행위만을 질서위반행위로 규정하여야 함을 의미한다.

제28조는 당시 연방헌법재판소의 심판대상이 되었던 바이에른주 집회법에 비하여 질서위반행위의 근거가 되는 의무위반을 훨씬 엄격하고 명확하게 규정함으로써 이러한 요청을 고려하고 있다. 이 외에도 가능하다면 의무를 구체화하는 명령이 선행된 경우에만 그 위반을 질서위반행위로 규정하라는 요청 또한 고려하고자 노력하였다. 다만 사전적 처분이 사실상 요구될 수 없는 경우 —예를 들면 제1호 및 제5호— 에는 그러지 않았다. 이 점에 있어서 질서위반행위의 근거가 되는 의무의 실체법적인 요건들은 기존의 일반적인 규정들에 비해 훨씬 엄격하게 규정하였다.

II

연방집회법 제29조, 제29a조 및 주집회법 규정들 또한 질서위반행위에 대하여 규정하고 있다(Art. 21 BayVersG, § 29 SächsVersG, § 28 VersammlG LSA 참조).

III

1. 제1항 제1호는 옥외집회의 신고에 관한 규정 위반을 내용으로 하고 있다. 이 점에 있어서 형사처벌을 규정하고 있는 연방집회법 제26조 제2호와는 달리 주최자에 의한 신고의무 위반을 단지 질서위반행위로

분류하였다. 신고는 관념의 통지로서, 연방헌법재판소 판례에 따르면 신고를 하지 않은 것이 집회의 진행 여부에 직접적인 영향을 미쳐서는 안 된다. 또한 ─실무상 매우 빈번하게 발생하는─ 연방집회법 제14조 제1항에 따른 신고의무의 위반은 매우 드물게 처벌된다. 이는 신고의무 위반의 불법성이 형사처벌을 정당화할 정도로 그렇게 중대하지 않을 수도 있다는 것을 의미한다. 어쩌면 낮은 제재빈도는 너무 중하게 평가된 형벌의 결과일 수도 있다.

질서위반행위로 분류하는 것은 신고를 하지 않거나 중요한 사항을 올바르게 신고하지 않음으로써 발생하는 의무위반에 대한 적절한 제재를 가능하게 한다. 신고의무위반을 질서위반행위로서 제재하는 것의 문제점을 지적한 연방헌법재판소의 입장(BVerfGE 122, 342 [362 f.])은 제10조에서 신고에 요구되는 요건들을 축소하는 방법으로 고려하였다. 이에 따라 신고가 부정확하게 행해졌다 하더라도 중요한 사항이 정확하게 신고되지 않은 경우, 특히 행정청의 상황판단을 어렵게 하고 그 결과 (잘못된 신고로 인하여) 제3조에 따른 보호임무의 수행이 현저하게 어렵게 되거나 불가능하게 되는 경우에만 질서위반행위로 규정하였다.

2. 나아가 제1항 제2호에 따르면 신고가 제12조 제2항 제1문에 따른 행정청의 요청에 의해 요구되는 정보를 포함하지 않은 경우에도 질서위반행위에 해당한다. 권한 있는 행정청에 의해 부적합한 것으로 거부된 자를 질서유지인으로 선임하였을 경우도 마찬가지이다. 이 경우에는 행정청의 처분을 통해 의무의 내용이 사전에 구체화되어야 한다.

3. 제1항 제3호는 금지되었거나 해산명령이 발해진 집회에의 참가를 촉구하는 것을 벌하고 있다. 이 경우 어떠한 수단(예를 들면 인터넷, 음향장치, 구두고지)을 통해 촉구가 이루어지는지는 중요하지 않다. 연방집회법과 마찬가지로 ─비록 이와 관련하여 범죄구성요건을 포함하고 있기는 하지만(연방집회법 제23조)─ 모범초안은 바이에른주 집회법 제8조 제3항에서 규정하고 있는 것과 같은 별도의 (참가 등의) 촉구금지 규정은 두고 있지 않다.

4. 제1항 제4호는 집회 진입로 차단(Blockade)을 통하여 집회의 공간적 접근성을 방해하거나 예정된 이동경로를 차단함으로써 행진의 진행을 방해하는 것을 제재한다. 법적으로 허용되는 집회의 진행을 현저하게 방해하거나 불가능하게 하기 위한 그 밖의 중대한 장해 또한 이 조항을 근거로 제재 받는다. 따라서 과태료 부과는 제7조에서 규정하고 있는 특수한 위반에 대한 대응수단이다. 그러나 장해라는 개념의 가치 종속성과 구체화 필요성을 고려할 때, 질서위반행위의 구성요건은 사전에 장해 저지를 위한 행정청의 구체적 명령이 발해질 것을 전제로 한다. 과태료는 단지 이러한 명령이 적법한 경우에만 부과될 수 있기 때문에(아래의 Ⅲ. 14 참고), 상황에 대한 법적 평가는 행정청에게 맡겨져 있다. 집회의 진행을 방해하는 자는 그 행위의 정당성을 ―자신의 견해에 따를 때― 방해의 대상이 되는 집회가 위법하다는 것에 근거하여 주장할 수 없다. 실제 집회가 위법한 것인지, 그리고 이러한 사실이 행정청의 권한 수행에 있어 어떠한 결과를 갖는지는 행정청의 심사권한에 해당한다.

제27조에서 형벌로 처하는 행위가 집회를 차단함에 있어 행해진다면, 이는 범죄행위에 해당한다.

5. 집회가 신고와 현저히 다르게 진행되는 경우 잘못된 신고가 행정청의 판단을 그르치게 하고, 그 결과 국가의 임무수행이 어려워지거나 불가능하게 될 수 있다. 이처럼 잘못된 신고로 행정청의 판단을 그르치게 만드는 것은 과태료 부과를 정당화한다. 제1항 제5호에 근거한 과태료 부과를 통한 사후제재 가능성은 추후에 정정되지 않는 한 신고의 내용이 구속력을 가진다는 점을 명확히 하고 있다. 그러나 신고의 내용이 집회상황과 현저히 다르지 않는 경우, 즉 위험상황 또는 그것의 제거를 위해 필요한 행정청의 조치에 중대한 영향을 미치지 않는 정도의 불완전한 신고가 있는 경우라면 그에 대한 제재는 불가능하다.

6. 제1항 제6호는 금지, 제한, 그리고 해산의 중요성을 강조하고 있다. 금지, 제한, 그리고 해산은 위험방지를 위한 중요한 수단이다. 특히 행정상 강제수단을 통하여 행정청이 그 내용을 집행할 수 있음에도 불

구하고, 질서위반행위로서의 제재는 사후적으로 행정행위의 구속력을 강조하기 위한 중요한 수단이 된다.

그러나 지금까지의 집회법 실무에 있어 특히 옥외집회에 대하여 "부담 (Auflage)"이라는 이름으로 행해져 온 모든 명령들(이에 대한 개관을 위한 자료로서 K. Jenssen, Die versammlungsrechtliche Auflage, 2009, S. 91 ff.의 설명 참고)이 제13조와 제23조에서 의미하는 제한은 아니며, 그를 위반하는 것이 질서위반행위가 되는 것도 아니다. 이 조항에서 의미하는 제한은 행정청의 처분이 구체적이고 직접적인 위협의 방지를 목적으로 하는 경우에만 존재한다. 이에 반하여 그것이 일반적인 법적 상황을 고지하는 것에 국한되거나, 추상적으로 위험한 사실에 대한 행동지침을 규정하는 경우 또는 사전 대비적 처분으로서 집회의 마찰 없는 진행을 보장하고자 하는 경우에는 그렇지 않다. 그러한 조치[35]들을 준수하지 않는 것은 그를 질서위반행위로 취급하는 것을 정당화할 정도의 불법성을 갖지 않으며(이에 대해서는 BVerfG [K], 1 BvR 2793/04 v. 19. 12. 2007, Rn. 19 참조), 직접적 위험의 방지를 위한 처분에 대한 위반만이 질서위반행위로서의 취급을 정당화할 정도의 불법성을 가진다. 예를 들면 법적 상황에 대한 단순한 고지에 관한 조항을 위반하거나 사전대비적 처분이 준수되지 않는 경우에는 질서위반행위로 처벌되어서는 안 된다. 과태료 부과가 제13조 제1항 및 제2항, 제23조 제1항 및 제2항의 구성요건적 전제조건이 존재하는 행정행위에 대한 위반에 국한되어 있다는 것이 이러한 사정을 명확히 한다.

집회행정청이 예방적으로 경고한 내용에 포함된 규범, 예를 들면 형법규범을 위반한 경우에는, 해당 규범 위반에 대한 제재가 다른 법률에서 규정되어 있는 경우에만 그러한 행위에 대한 제재가 정당화될 수 있다. 즉 이러한 경고를 위반하는 그 자체만으로는 질서위반행위가 아니

---

35) [역주] 여기서 그러한 조치란 일반적인 법적 상황을 고지하는 것에 국한되거나, 추상적으로 위험한 사실에 대한 행동지침을 규정하는 경우 또는 사전배려적 처분으로서 집회의 마찰 없는 진행을 보장하기 위하여 집회법상의 실무에 있어 '부담'이란 이름으로 행해져 온 조치를 말한다.

다. 예를 들면 형사소추를 위해서 고소가 전제되는 경우에는 경고를 준수하지 않았다는 것만을 이유로 과태료를 부과함으로써 이러한 형사제재의 요건이 회피되어서는 안 된다.

7. 본 초안 제17조(복면 및 보호장구금지)와 제18조(군사행위금지)에서 특수한 금지의 구성요건을 규정한 것이라면, 제1항 제7호에서는 그에 대한 위반을 질서위반행위로 제재하는 것을 규정하고 있다. 그러나 충분한 명확성과 그에 따른 법적 안정성의 고려하여 금지가 행정청의 명령을 통해 개별사안에서 구체화된 경우에만 질서위반행위로서의 제재가 가능하다(행정행위를 통한 의무의 구체화가 갖는 법치국가적 기능에 대해서는 BVerfGE 122, 342 [364 f.] 참조).

8. 제1항 제8호는 상징적인 장소 또는 날짜에 행해지는 집회와 관련하여 제19조에서 규정하고 있는 금지 또는 제한의 위반에 대한 과태료를 규정하고 있다.

9. 이와 마찬가지로 제1항 제9호는 주의회의 합헌적 기능을 보장하기 위해 법률상 규정되어 있는 보호구역에서의 집회 진행 이전에 제20조 제2항에 따른 특수한 신고의무를 이행하지 않은 경우에 대한 제재를 규정하고 있다. 보호구역에서의 집회에 대해 어떻게 규율할 것인가에 대한 선택에 있어서 ―연방집회법 제16조 제1항이 택한 것과 같이― 집회에 대한 금지가 원칙적으로 행해지고, 경우에 따라 예외가 인정될 때에도 행정청에 대한 집회신고는 금지를 발할 것인지 여부에 대한 심사에 있어 특별한 의미를 가진다. 제20조와 관련된 특수한 보호법익으로 인해 이러한 신고의무의 위반을 질서위반행위로 제재하는 것은 정당화된다. 만약 집회가 제20조 제3항에 따라 발해진 금지에도 불구하고 진행되거나 제한을 위반하여 보호구역 내에서 진행될 경우에도 과태료가 부과된다. 집회주최자 및 주관자뿐만 아니라 집회참가자에 대해서도 그러하다.

10. 집회법적 분쟁에서의 권리구제는 대부분 가구제절차를 통해서 이루어진다. 하지만 행정법원이나 (경우에 따라서는) 연방헌법재판소는 가

구제절차에서 종국적인 법적 평가를 하지 않는 것이 일반적이며, 그들의 가구제결정은 대개 결과형량(Folgenabwägung)에 근거한다. 집회를 가능하게 하면서도 위험방지라는 임무를 수행하기 위한 노력에서 법원은 때때로 집회 진행을 위한 기준들을 제시한다. 이러한 기준들은 소송법에 따라—예를 들면 이의신청의 집행정지효 형성을 위해—법원의 가구제결정을 통해 행해진다(예를 들어 BVerfG [K], 1 BvQ 13/01 v. 24. 3. 2001, Rn. 36 참조). 이러한 법원의 가구제결정은 법적인 토대가 상이함에도 불구하고, 그 내용에 있어서는 권한 있는 행정청에 의해 행해지는 제한통고에 견줄 만하다. 법원의 가구제결정은 제한통고와 마찬가지로 집회로부터 발생하는 위험을 방지하고자 하는 성격도 있기 때문에, 그 위반 시에는 법적 효과 측면에서 제한통고에 위반하는 것과 유사하게 취급될 필요가 있다. 제10호는 이러한 점을 질서위반행위법의 영역에서 고려하고 있다.

11. 행정청이 발한 집회에의 참가금지 또는 체류의 금지를 관계인이 준수하지 않거나, 이미 시작된 집회로부터의 배제명령에도 불구하고 지체 없이 떠나지 않는 경우, 제1항 제11호에 따라 질서위반행위에 해당한다.

12. 제13조와 제23조의 요건하에서 행해진 집회 해산에도 불구하고 지체 없이 그 장소를 떠나지 않는 사람에 대해서도 그러하다(제1항 제12호).

13. 제2항에 따르면 과태료의 최고액은 3,000유로이며, 제1호와 제5호의 경우에는 1,500유로이다. 본 초안은 과태료의 상한을 규정함에 있어 이 두 가지 기준 외의 다른 구분은 하지 않았다. 위반의 정도는 개별 사안별로 판단하여야 한다.

14. 한편 위반의 대상이 된 명령이 적법한 경우에만 과태료가 부과될 수 있다(BVerfGE 87, 399 [407 ff.]; 92, 191 [199 ff.] 참조; BVerfG [K], 1 BvR 2165/96 v. 12. 3. 1998, Rn. 13, und 1 BvR 1090/06 v. 30. 4. 2007, Rn. 28 ff. 참조). 그러나 이러한 법치국가적인 원칙은 법조문에서 별도로 언급할 필요는 없다.

제29조 몰 수

1제27조에 따른 범죄행위 또는 제28조에 따른 질서위반행위와 관련 있는
물건은 몰수할 수 있다. 2형법 제74a조와 질서위반법 제23조가 적용된다.

▌▌▌ 입법이유 ▌▌▌

이 규정은 내용적으로 연방집회법 제30조에 상응한다. 이에 근거하여
비록 형법 제74조 제1항에서 규정하고 있는 범행도구에 해당하지 않는
물건이라 하더라도, 영치된 물건(예를 들면 무기, 보호장구, 제복)의 몰수가
가능하다. 제2문에 따라 영치된 물건이 제3자의 소유인 경우에는 형법
제74a조 또는 질서위반법 제23조의 요건을 충족하는 경우에만 몰수가
허용된다. 몰수는 대상물의 소유권을 국가로 이전하는 결과를 가진다.

제30조 비 용

이 법에 따른 직무행위에 대해서는 비용을 부과하지 아니한다.

▌▌▌ 입법이유 ▌▌▌

I

본 조항은 권한 있는 집회행정청을 통해 지출된 비용(수수료와 경비)36)
의 징수에 대해 일반 규정들에 선행하는 종국적인 규정이다. 이 규정에

---

36) [역주] 독일의 경우 행정작용에 소요되는 비용을 다시 수수료(手數料, Gebühren)와 경
비(經費, Auslagen)로 구분하여 설명하는 것이 일반적이라고 할 수 있는데. 여기서 수수
료는 공법상의 금전급부의무로서 개인에게 귀속될 수 있는 공적 활동을 이유로 징수하
는 것을 의미하며, 경비는 경찰이 위험방지를 위하여 제3자에게 지출하거나 또는 자기
집행(自己執行, Selbstvornahme), 직접강제, 직접시행(直接施行, unmittelbare Ausführung)
을 위하여 경찰이 스스로 지출하는 비용을 말한다.

따르면 본 법률에 따른 직무행위는 무료(kostenfrei)이다.

II

연방집회법은 이에 상응하는 규정을 두고 있지 않다. 그러나 각 주의 행정비용법 또는 수수료법의 일반 규정들에 따라 공적 급부가 개인적으로 귀속될 수 있는 자, 즉 직무행위를 유발하였거나 직무행위가 그의 이익을 위해 행해진 자에게 직무행위에 소요된 비용(행정수수료와 경비)이 청구될 수 있다. 이는 원칙적으로 집회법에 대해서도 적용된다(VGH Baden-Württemberg, 1 S 1678/07 v. 26. 1. 2009, NVwZ-RR 2009, 329 im Anschluss an BVerfG [K], 1 BvR 943/02 v. 25. 10. 2007, NVwZ 2008, 414 참조). 현재 집회법에 있어서의 비용문제는 새로이 제정된 주집회법(바이에른)에 별도로 규정되어 있거나, 법률안에 규정되어 있다(니더작센). 이러한 규정들은 본질적으로 '무비용 원칙(無費用 原則, Grundsatz der Kostenfreiheit)', 즉 집회와 관련하여 수수료 및 경비를 징수하지 않는다는 원칙을 밝히고 있다.

III

1. 집회의 자유라는 기본권 행사로 인해 비용부담의무가 발생한다면, 이는 시민적 자기결정에 관한 권리로서의 집회의 자유 보장과는 원칙적으로 부합하지 않게 된다. 자유주의-법치국가적 민주사회에서 집회의 진행을 보장하여야 하는 집회행정청과 경찰의 조치들은 공공의 이익을 위한 것이다(BVerfGE 5, 85 [204 f.] 참조). 따라서 그 비용은 집회주최자나 참가자에게 부과되어서는 안 된다. 그러나 집회의 진행으로 인해 그 방지를 위해 직무행위를 필요로 하는 위험을 야기한 경우에는 예외적으로 집회주최자나 참가자로부터 비용을 징수할 수 있다. 그러나 위험방지라는 정당한 요청이 (비용을 부담하게 될지도 모른다는 예측으로 인해) 시민들이 그들의 집회의 자유라는 기본권 행사를 하지 않게 되는 결과를 초래하는 것은 절대 허용되어서는 안 된다.

제30조가 규정하고 있는 원칙, 즉 이 법률에 따라 행해진 모든 직무행위에 대한 무비용 원칙은 전형적인 집회를 고려하고 있다. 전형적인 집회의 경우 한편으로는 비용징수에 관한 법적 근거가 없거나, 명백히 직무행위를 필요로 하게 만든 자에게 비용을 귀속시킬 수 없는 경우가 다수 존재한다. 또한 무비용 원칙을 통해 위축효과가 발생하는 것을 막을수 있다. 더 나아가 참가자 등의 비용부담의무가 정당화될 수 있는 상황에서도 무비용 원칙으로 인해 국가가 수입을 얻을 수 없다는 사실은 받아들여야 한다. 왜냐하면 그러한 상황은 예외적인 사례에 불과하며, 대부분 심사 및 집행에 소요되는 비용이 부과 징수될 수 있는 비용에 비해 크기 때문이다.

2. 집회법상의 조치들에 대한 연방헌법재판소의 판례에 따를 때, 그러한 조치가 구체적 위험을 방지하기 위한 것인 경우에 한하여 비용을 징수할 수 있다는 점이 고려되어야 한다. 반면 허가면제(기본법 제8조 제1항)37) 및 허가면제에 의하여 기본권적으로 보장되는 집회의 자율성을 고려할 때 법률에서 규정하고 있는 집회의 신고는 비용청구에서 제외되어야 한다. 또한 (금지되지 않은) 집회의 진행과 기능적 관련성이 있는 행정청의 (주최자와 참가자에 대한) 대책 및 수단 또한 비용청구에서 제외되어야 한다. 이 외에도 연방헌법재판소의 판례에 따를 때 법적 상황에 대한 단순한 고지 또는 직접적이고 구체적인 위험의 방지에 기여하지 않는 기타의 조치들(추상적으로 위험한 상황에 대한 대책을 규정하고 있거나, 사전 대비적 조치로서 구체적인 위험의 존재 없이도 집회의 원활한 진행을 보장하기 위한 행동지침, BVerfG [K], 1 BvR 943/02 v. 25. 10. 2007, NVwZ 2008, 414)에 대해서는 비용이 청구되어서는 안 된다. 특히 집회로부터 발생하는 위험방지목적이 아닌 충돌하는 이익의 조정, 예를 들면 같은 시간, 같은 장소에서계획되어 있는 다른 집회 또는 교통관여인의 이동의 자유를 고려하여집회법상의 조치가 행해지는 경우에는 비용징수는 고려되지 않는다

---

37) [역주] 여기서 허가면제(독일 기본법 제8조 제1항)란 집회를 위하여 별도의 행정청의 허가를 받을 필요가 없다는 것을 의미한다.

(BVerfGE 69, 315 [353] 참조).

3. 이를 통해 집회법상 비용부담의무(Kostenpflicht)가 고려될 수 있는 영역은 실무적으로는 중요하지 않은 몇몇 가정적인 사례들로 축소된다. 책임의 귀속가능성을 고려할 때 집회법에 따른 직무행위의 비용책임자로 주최자가 우선적으로 고려된다. 왜냐하면 집회 전체의 위험상황은 개별 참가자들에게 귀속시킬 수 없기 때문이다. 그러나 통상 집회의 제한 또는 금지사유는 주최자에게도 명확하게, 그리고 전적으로 귀속시킬 수는 없다. 제한은 일반적으로 좁은 의미의 위험방지를 위하여 행해지는 것이 아니라, 여러 이익 간의 형량의 결과로 행하여지기 때문이다. 집회에 대한 제한의 정당성은 원칙적으로 동등한 여러 이익 간의 조정 (BVerfGE 69, 315 [349 f., 353])에서 찾아야 하며, 따라서 법률상 인정되는 법익 침해에 대한 책임과 그에 따른 비용의무가 처음부터 일방적으로 주최자에게 부여될 수는 없다. 이러한 내용들은 집회행정청의 실무상 행해지는 금지에 대해서도 일반적으로 적용된다. 왜냐하면 이 경우에도 헌법상 요건들을 충족하는 집회주최자의 명확한 위험책임(Gefahrverant-wortlichkeit)을 확인하기 어렵기 때문이다.

집회 금지와 관련된 위험책임이 명확히 귀속될 수 있는 극히 소수의 상황에서는 행정청이 부담하여야 하는 심사 및 이유제시에 소요되는 비용이 책임자에게 부과될 수 있는 비용에 비해 과도한 경우가 많다. 결론적으로 이 법률에 따른 직무행위는 대개 무상으로 행해진다. 그럼에도 불구하고 이를 이유로 (특히 집회 해산 후 또는 참가자의 격리 후에 행해지는) 경찰의 (집행-)조치에 대한 비용을 일반 규정에 따라 징수할 수 있는 가능성까지 배제되는 것은 아니다.

제31조 손실보상 및 손해배상
1손실보상에 관한 일반규정들이 적용된다. 2직무상 의무위반 등을 원인으로 하는 기타 손해배상청구권은 영향을 받지 아니한다.

본 규정은 단지 내용을 명확히 하는 역할을 할 뿐이다. 연방집회법이나 새로이 제정된 각 주의 집회법(또는 이에 상응하는 법률안)들과는 달리, 모범초안은 집회법 영역에서 그 요건과 한계를 구체화하기 위하여 제13조 제3항, 제23조 제3항에서 소위 경찰긴급상황을 규정하고 있다. 손실보상과 손해배상에 대해서는 명시적인 규정을 하지 않고 있는데, 왜냐하면 이러한 상황은 드물게 발생하기 때문이다. 그러나 집회법에 손실보상과 손해배상에 대한 명문의 규정이 없다 하여 일반규정 및 국가책임법상의 원칙들이 배제되어서는 안 되며, 그 요건을 충족하는 한 적용되어야 한다.

V. 종결규정

제32조 기본권의 제한
집회의 자유는(기본법 제8조) 이 법률에 따라 제한된다.

■■■ 입법이유 ■■■

본 규정은 ―연방집회법 제20조와 같이― 기본법 제19조 제1항 제2문의 "인용원칙(Zitiergebot)"을 준수하고 있다. 인용원칙에 따르면 법률은 그 법률을 통해 또는 그 법률에 근거하여 제한되는 기본권을 조항과 함께 명시하여야 한다. 집회의 자유라는 기본권은 기본법 제8조에 의해 보호되고, 기본법 제8조 제2항에 따라 옥외집회는 법률유보하에 있다. 명시적인 수권하에 입법자에 의해 제한될 수 있는 기본권(BVerfGE 64, 72 [79 f.] 참조), 즉 옥외집회의 자유에 대해서도 인용의 원칙은 적용된다.

부 록

부록 1. 연방 집회 및 행진에 관한 법률
(연방집회법)

제1장 총 칙

제1조 [집회권]

(1) 모든 사람은 공개집회 및 행진을 주최하고 그러한 행사에 참가할 권리를 가진다.

(2) 다음 각 호에 해당하는 사람은 전항의 권리를 갖지 못한다.

1. 기본법 제18조에 따라 집회의 자유에 관한 기본권을 박탈당한 자

2. 이러한 행사를 진행하거나 참가함으로써 기본법 제21조 제2항에 따라 헌법재판소에 의해 위헌결정을 받은 정당 또는 그 정당의 부분조직 내지 대체조직의 목적을 추구하고자 하는 자

3. 기본법 제21조 제2항에 따라 헌법재판소에 의해 위헌결정을 받은 정당

4. 기본법 제9조 제2항에 따라 금지된 단체

제2조 [주최자의 이름 명시, 방해금지 및 무기소지금지]
(1) 공개집회 또는 행진에 공개적으로 초청하는 사람은 주최자로서 초청 시에 그 이름을 명시하여야 한다.
(2) 모든 사람은 공개집회와 행진의 질서 있는 진행을 저지하는 것을 목적으로 방해하여서는 아니 된다.
(3) [1]누구든지 공개집회 또는 행진에서 무기 또는 그 성질상 사람에 대한 상해 또는 물건에 대한 중대한 손상을 야기하기에 적합하고, 그러한 것을 목적으로 하는 그 밖의 물건을 행정청의 허가 없이 소지하여서는 아니 된다. [2]행정청의 허가 없이 무기 또는 제1문에 따른 물건을 공개집회 또는 행진으로 향하는 도중에 소지하거나, 그러한 행사장소로 운반하거나, 행사에서 사용하기 위하여 준비하거나 배부하는 것도 금지된다.

제3조 [제복착용 금지]
(1) 공개적으로 또는 집회에서 공동의 정치적 신념을 표현하기 위하여 제복, 제복의 일부 또는 같은 종류의 의복을 착용하는 것은 금지된다.
(2) [1]청소년 보호를 주된 목적으로 하는 청소년 단체의 구성원에 대해서는 신청에 의거하여 제1항에 따른 금지의 예외적 허가를 할 수 있다. [2]그 외관상의 조직 또는 활동 영역이 1개 주 이상인 청소년 단체에 대한 관할은 연방내무부장관에 있으며, 그 외에는 주 최상급 행정청에 있다.
(3) 연방내무부장관의 결정은 연방관보 및 공동 내각관보에, 주 최상급 행정청의 결정은 그 관보에 공고하여야 한다.

제4조 (삭제)

제2장 옥내공개집회

제5조 [옥내집회의 금지]
개별 사례에 있어 다음 각 호에 해당하는 경우에만 집회의 개최가 금지될 수 있다.

1. 주최자가 제1조 제2항 제1호 내지 제4호에 해당하고, 제4호의 경우에는 권한 있는 행정청에 의하여 그 금지가 확정된 경우
2. 집회주최자 또는 주관자가 제2조 제3항에서 정하고 있는 무기 또는 그 밖의 물건을 소지한 참가자의 입장을 허용하는 경우
3. 주최자 또는 그 지지자들이 폭력적 또는 선동적인 집회 진행을 추구한다는 사실이 인정되는 경우
4. 주최자 또는 그 지지자들이 중죄 또는 직권으로 소추될 수 있는 경죄의 대상이 되는 의견을 표하거나, 그러한 표현을 수인한다는 사실이 인정되는 경우

제6조 [특정인의 배제권한]
(1) 초청 시에 특정인 또는 특정 범위의 사람들의 집회참가를 배재할 수 있다.
(2) [1]언론사 기자는 배제할 수 없다. [2]그들은 집회주관자에게 기자증을 통해 신분을 적법하게 증명하여야 한다.

제7조 [집회주관자]
(1) 모든 공개집회는 한 명의 주관자를 지정하여야 한다.
(2) [1]주최자는 그 집회의 주관자이다. [2]집회가 단체에 의하여 주최되는 경우에는 그 대표자가 주관자이다.
(3) 주최자는 다른 사람에게 주관권을 양도할 수 있다.
(4) 주관자는 가택권을 행사한다.

제8조 [집회주관자의 임무]

[1]주관자는 집회의 진행에 대하여 결정한다. [2]주관자는 집회가 진행되는 동안 질서를 유지하여야 한다. [3]주관자는 언제든지 집회의 진행을 중지하거나 종료할 수 있다. [4]주관자는 중지된 집회가 언제 재개될 것인지에 대하여 결정한다.

제9조 [질서유지인]

(1) [1]주관자는 제8조에 따른 권한을 행사함에 있어 적정한 수의 명예직 질서유지인의 도움을 받을 수 있다. [2]이들은 제2조 제3항에서 정하고 있는 무기 또는 그 밖의 물건을 소지하여서는 아니 되며, 성년이어야 하며, "질서유지인"이라고만 표기된 흰색 완장을 착용함으로써 식별될 수 있도록 하여야 한다.

(2) [1]주관자는 경찰의 요구가 있는 경우 그에 의해 선임된 질서유지인의 수를 통보할 의무가 있다. [2]경찰은 질서유지인의 수를 적정하게 제한할 수 있다.

제10조 [집회참가자의 준수의무]

모든 집회참가자는 질서유지를 위해 행해지는 주관자 또는 그에 의해 선임된 질서유지인의 지시를 준수할 의무가 있다.

제11조 [방해인의 배제]

(1) 주관자는 질서를 현저히 어지럽히는 참가자를 집회로부터 배제할 수 있다.

(2) 집회로부터 배제된 사람은 즉시 그 장소를 떠나야 한다.

제12조 [경찰공무원]

경찰관이 공개집회에 파견된 경우에는 주관자에게 그 신분을 알려야 한다. 그들에게는 적당한 자리가 제공되어야 한다.

제12a조 [경찰에 의한 영상촬영 및 녹음]

(1) [1]경찰은 집회로부터 공공의 안녕 또는 질서에 대한 현저한 위험이 발생할 것이라고 인정할 수 있는 사실상의 근거가 존재하는 경우에 한하여 공개집회에서, 또는 그와 관련하여 참가자들에 대한 영상촬영 및 녹음을 할 수 있다. [2]이러한 조치는 제3자가 불가피하게 관계되는 경우에도 행해질 수 있다.

(2) [1]촬영자료는 다음 각 호에 해당하는 경우를 제외하고는 공개집회 또는 그와 시간적·내용적으로 직접적으로 관련 있는 사건이 종료된 후 지체 없이 폐기하여야 한다.

1. 참가자의 범죄행위에 대한 소추를 위해 필요한 경우

2. 관계인이 공개집회에서 또는 그와 관련하여 범죄행위를 준비하였거나 행하였다는 의심이 있고, 그 결과 장래의 공개집회 또는 행진에서도 현저한 위험이 발생할 우려가 있기 때문에 개별사안에 있어 그 위험방지를 위해 필요한 경우

[2]제1문 제2호에서 규정한 사유로 파기되지 아니한 자료는 제1호의 목적을 위해 필요하게 된 경우가 아니라면, 늦어도 자료를 생성한 지 3년이 경과한 후에는 폐기하여야 한다.

(3) 형사소송법 및 질서위반행위법에 따른 개인정보 수집권한은 이 조항의 영향을 받지 아니한다.

제13조 [경찰의 집회 해산]

(1) [1]경찰(제12조)은 다음 각 호에 해당하는 경우에 한하여 그 이유를 명시하여 집회를 해산할 수 있다.

1. 주최자가 제1조 제2항 제1호 내지 제4호에 해당하고, 제4호의 경우 권한 있는 행정청에 의하여 그 금지가 확정된 경우

2. 집회가 폭력적 또는 선동적으로 진행되거나 참가자의 생명과 건강에 대한 직접적인 위험이 존재하는 경우

3. 주관자가 제2조 제3항에서 정하고 있는 무기 또는 그 밖의 물건을

소지한 사람을 즉시 배제하지 아니하거나 배제결정을 집행하지 아니하는 경우

4. 집회의 진행으로 인하여 중죄 또는 직권으로 형사소추가 가능한 경죄의 대상이 되는 형법규정을 위반하거나, 집회에서 그러한 범죄행위를 하도록 선전 또는 선동되고 있음에도 주관자가 이를 지체 없이 제지하지 아니하는 경우

²제2호 내지 제4호에 해당하는 경우에는 경찰의 다른 조치, 특히 집회의 중지로는 충분하지 않은 때에 한하여 해산이 허용된다.

(2) 집회의 해산이 선언되면 모든 참가자는 즉시 그 장소를 떠나야 한다.

제3장 옥외공개집회 및 행진

제14조 [신고의무]

(1) 옥외공개집회 또는 행진을 주최하고자 하는 사람은 이를 늦어도 공고 48시간 전에 집회 또는 행진의 대상을 기재하여 권한 있는 행정청에 신고하여야 한다.

(2) 신고에는 누가 집회 또는 행진의 주관에 대하여 책임을 질 것인지를 기재하여야 한다.

제15조 [옥외집회의 금지, 부담, 해산]

(1) 권한 있는 행정청은 처분을 행하는 시점에 인식할 수 있는 제반 사정을 고려할 때 집회 또는 행진의 진행으로 인하여 공공의 안녕 또는 질서가 직접적으로 위협받는 경우에는 집회 또는 행진을 금지하거나 특정한 부담을 부과할 수 있다.

(2) ¹집회 또는 행진은 특히 다음의 각 호의 어느 하나에 해당하는 경우에 금지되거나 특정한 부담이 부과될 수 있다.

1. 집회 또는 행진이 역사적으로 중요하고 초지역적인 의미를 가지는

기념지역으로서, 나치의 폭력적이고 자의적인 지배하에 인간의 존엄에 반하는 처우를 받았던 희생자를 상기시키는 장소에서 개최되는 경우

2. 처분을 행하는 시점에 구체적으로 확인 가능한 제반 사정을 고려할 때 집회 또는 행진을 통해 희생자의 존엄이 침해될 것이라는 우려가 있는 경우

[2]베를린 소재 유럽에서 학살된 유대인 기념비는 제1문 제1호에 따른 장소에 해당한다. [3]그 경계는 이 법의 첨부와 같다. [4]제1문 제1호에 따른 그 밖의 장소 및 그 경계는 주 법률에서 정한다.

(3) 권한 있는 행정청은 집회 또는 행진이 신고되지 아니하였거나, 신고 내용과 다르게 진행되거나, 부담을 위반하거나, 제1항 또는 제2항에 따른 금지의 요건이 존재하는 경우에는 이를 해산할 수 있다.

(4) 금지된 행사는 해산될 수 있다.

제16조 [금지구역]

(1) [1]옥외공개집회 및 행진은 주 입법기관을 위한 집회금지구역 내에서는 금지된다. [2]제1문에 따른 옥외공개집회 또는 행진을 촉구하는 것 또한 금지된다.

(2) 주 입법기관을 위한 집회금지구역은 주 법률에서 정한다.

(3) 그 밖의 내용은 주 집회금지구역법률에서 규정한다.

제17조 [종교적 행사, 주민축제 등에 대한 예외]

제14조 내지 제16조는 옥외예배, 교회행렬, 기원행렬, 성지순례행렬, 장례행렬, 결혼축하행렬, 그리고 전통주민축제에는 적용되지 아니한다.

제17a조 [보호장구금지, 복면금지]

(1) 옥외공개집회, 행진 또는 그 밖의 옥외공개행사에서 또는 그 장소로 향하는 도중에 보호장구 또는 보호장구로서 적합하고 제반 사정에

따를 때 공권력주체의 집행조치를 저지하는 것을 목적으로 하는 물건을 소지하는 것은 금지된다.

(2) 다음 각 호의 어느 하나에 해당하는 행위 또한 금지된다.

1. 신원확인을 방해하기에 적합한 복면을 제반 사정을 고려할 때 그러한 목적으로 착용하고 행사에 참가하거나, 그러한 복면을 하고 행사장소로 이동하는 행위

2. 그러한 행사에서 또는 그 장소로 이동하는 도중에 신원확인을 방해하기에 적합하고 제반 사정을 고려할 때 이를 목적으로 하는 물건을 소지하는 행위

(3) [1]제17조에 따른 행사에 대해서는 제1항과 제2항이 적용되지 아니한다. [2]권한 있는 행정청은 공공의 안녕 또는 질서에 대한 위험이 우려되지 않는 경우에는 제1항과 제2항에 따른 금지에 대한 추가적인 예외를 허용할 수 있다.

(4) [1]권한 있는 행정청은 제1항과 제2항에 따른 금지의 이행을 위하여 명령을 발할 수 있다. [2]권한 있는 행정청은 특히 이러한 금지를 위반하는 사람들을 행사로부터 배제할 수 있다.

제18조 [옥외집회에 대한 특별규정]

(1) 옥외집회에 대해서는 제7조 제1항, 제8조, 제9조 제1항, 제10조, 제11조 제2항, 제12조, 제13조 제2항이 준용된다.

(2) [1]질서유지인의 선임을 위해서는 경찰의 허가를 요한다. [2]이에 대해서는 신고 시에 신청하여야 한다.

(3) 경찰은 질서를 현저히 어지럽히는 참가자를 집회로부터 배제할 수 있다.

제19조 [행진에 대한 특별규정]

(1) [1]행진의 주관자는 질서 있는 진행을 위하여 노력하여야 한다. [2]그는 명예직 질서유지인의 도움을 받을 수 있으며, 질서유지인에 대해서

는 제9조 제1항 및 제18조가 적용된다.

(2) 참가자는 질서유지를 위해 행해지는 주관자 또는 그에 의해 선임된 질서유지인의 지시를 준수할 의무가 있다.

(3) 주관자는 질서 있게 진행할 수 없는 경우에는 행진이 종료되었음을 선언할 의무가 있다.

(4) 경찰은 질서를 현저하게 어지럽히는 참가자를 행진으로부터 배제할 수 있다.

제19a조 [경찰에 의한 영상촬영 및 녹음]
옥외집회 및 행진에 대한 경찰의 영상촬영 및 녹음에 대해서는 제12a조가 적용된다.

제20조 [집회의 자유의 제한]
기본법 제8조의 기본권은 이 장의 규정들에 의하여 제한된다.

제4장 형벌 및 과태료규정

제21조 [집회 및 행진에 대한 방해]
금지되지 않은 집회 또는 행진을 저지하거나 해산하거나 기타 그 진행을 곤란케 할 목적으로 폭력을 행사하거나 협박하거나 현저한 장해를 야기하는 사람은 3년 이하의 징역 또는 벌금에 처한다.

제22조 [집회주관자 및 질서유지인에 대한 방해 및 협박]
공개집회 또는 행진에서 주관자 또는 질서유지인의 적법한 질서유지권 행사에 대하여 폭력 또는 폭력에 대한 협박을 통해 저항하거나 그가 적법한 질서유지권을 행사하는 동안 폭력적으로 공격하는 사람은 1년 이하의 징역 또는 벌금에 처한다.

제23조 [금지된 집회에 대한 공개적 참가 촉구]

집행 가능한 금지에 의해 그 진행이 금지되었거나 해산이 명하여진 이후에, 집회에서 또는 문서, 음향 또는 영상장치, 삽화 또는 그 밖의 표현물의 유포를 통해 공개집회 또는 행진에 참가할 것을 공개적으로 촉구하는 사람은 1년 이하의 징역 또는 벌금에 처한다.

제24조 [무장 질서유지인의 사용]

공개집회 또는 행진의 주관자로서 무기 또는 그 성질상 사람에 대한 상해 또는 물건에 대한 중대한 손상을 야기하기에 적합하고, 그러한 것을 목적으로 하는 그 밖의 물건을 소지한 질서유지인을 사용한 사람은 1년 이하의 징역 또는 벌금에 처한다.

제25조 [집회 및 행진의 다른 방법으로의 진행]

옥외공개집회 또는 행진의 주관자로서 다음 각 호에 해당하는 경우에는 6개월 이하의 징역 또는 180일수 이하의 벌금에 처한다.
1. 주최자가 신고한 내용과 본질적으로 다르게 집회 또는 행진을 진행한 자
2. 제15조 제1항 또는 제2항에 따른 부담을 이행하지 아니한 자

제26조 [금지 또는 신고되지 않은 집회 및 행진의 개최]

주최자 또는 주관자로서 다음 각 호에 해당하는 경우에는 1년 이하의 징역 또는 벌금에 처한다.
1. 집행 가능한 금지에도 불구하고 공개집회 또는 행진을 진행하거나, 경찰의 해산 또는 중지명령에도 불구하고 계속한 자
2. 신고(제14조) 없이 옥외공개집회 또는 행진을 진행한 자

제27조 [무기의 소지]

(1) [1]공개집회 또는 행진에서 무기 또는 그 성질상 사람에 대한 상해

또는 물건에 대한 중대한 손상을 야기하기에 적합하고, 그러한 것을 목적으로 하는 그 밖의 물건을 행정청의 허가 없이 소지하는 자는 1년 이하의 징역 또는 벌금에 처한다. ²행정청의 허가 없이 무기 또는 제1문에 따른 물건을 공개집회 또는 행진으로 향하는 도중에 소지하거나, 그러한 행사장소로 운반하거나, 행사에서 사용하기 위하여 준비하거나 배부하는 자도 같은 형으로 처벌한다.

(2) 다음 각 호에 해당하는 사람은 1년 이하의 징역 또는 벌금에 처한다.

1. 제17a조 제1항에 위반하여 옥외공개집회, 행진 또는 그 밖의 옥외공개행사에서 또는 그 장소로 향하는 도중에 보호장구 또는 보호장구로서 적합하고 제반 사정에 따를 때 공권력주체의 집행조치를 저지하는 것을 목적으로 하는 물건을 소지한 자

2. 제17a조 제2항 제1호에 위반하여 신원확인을 방해하기에 적합하고 제반 사정을 고려할 때 이를 목적으로 하는 복면을 착용하고 그러한 행사에 참가하거나, 그러한 복면을 하고 행사장소로 이동한 자

3. 그러한 행사에 이어서 또는 그와 관련하여 다른 사람들과 규합하여 다음 각 목의 행위를 한 자

a) 무기 또는 그 성질상 사람에 대한 상해 또는 물건에 대한 중대한 손상을 야기하기에 적합하고, 그러한 것을 목적으로 하는 그 밖의 물건을 소지하는 행위

b) 보호장구 또는 그 밖의 제1호에서 설명하는 물건을 소지하는 행위

c) 제2호에서 설명하는 방법으로 복면을 하는 행위

제28조 [제복착용 금지 및 정치적 표식금지]

제3조의 규정에 위반하는 자는 2년 이하의 징역 또는 벌금에 처한다.

제29조 [질서위반행위]

(1) 다음 각 호에 해당하는 자는 질서위반행위를 하는 것이다.

1. 집행 가능한 금지에 의해 진행이 금지된 공개집회 또는 행진에 참

가한 자

1a) 제17a조 제2항 제2호에 위반하여 옥외공개집회, 행진 또는 그 밖의 옥외공개행사에서 또는 그 장소로 이동하는 도중에 신원확인을 방해하기에 적합하고 제반 사정을 고려할 때 이를 목적으로 하는 물건을 소지한 자

1b) [삭제]

2. 권한 있는 행정청에 의한 공개집회 또는 행진의 해산에도 불구하고 즉시 떠나지 아니한 자

3. 옥외공개집회 또는 행진의 참가자로서 제15조 제1항 또는 제2항에 따른 집행 가능한 부담을 이행하지 아니한 자

4. 주관자 또는 질서유지인의 지속적인 제지에도 불구하고 공개집회 또는 행진의 진행을 방해하는 자

5. 공개집회 또는 행진에서의 배제에도 불구하고 지체 없이 그 장소를 떠나지 아니한 자

6. 질서유지인의 수를 통보하라는 경찰의 요구에도 불구하고 이에 따르지 아니하거나 부정확한 숫자를 통보한 자(제9조 제2항)

7. 공개집회 또는 행진의 주관자 또는 주최자로서 경찰이 허용한 또는 허가한 숫자보다 더 많은 수의 질서유지인을 사용하거나(제9조 제2항, 제18조 제2항), 제9조 제1항에서 허용하는 것과는 다른 표식을 한 질서유지인을 사용한 자

8. 주관자로서 공개집회에 파견된 경찰공무원의 참여를 거부하거나 그에게 적당한 장소를 제공하지 아니한 자

(2) 제1항 제1호 내지 제5호에 해당하는 질서위반행위에 대해서는 1,000마르크, 제1항 제6호 내지 제8호의 경우에는 5,000마르크의 과태료를 부과할 수 있다.

제29a조 [질서위반행위]

(1) 제16조 제1항에 위반하여 옥외공개집회 또는 행진에 참가하거나

옥외공개집회나 행진에의 참가를 촉구하는 자는 질서위반행위를 하는 것이다.

(2) 제1항의 질서위반행위에 대해서는 3,000마르크의 과태료를 부과할 수 있다.

제30조 [몰 수]

제27조 또는 제28조의 범죄행위 또는 제29조 제1항 제1a호 또는 제3호의 질서위반행위와 관련된 물건은 몰수할 수 있다. 이에 대해서는 형법 제74a조 및 질서위반행위법 제23조가 적용된다.

제5장 종결규정

제31조 (삭제)

제32조 (대상 없음)

제33조 (발효)

부록 2. 연방 및 주 워킹그룹 집회법 초안
주 집회법 제정 전 단계에서의 조언의 근거

제1장 총 칙

제1조 기본원칙
(1) 모든 사람은 평화적으로, 그리고 무기를 소지하지 아니하고 공개적으로 집회할 권리를 가진다.
(2) 다음 각 호에 해당하는 사람은 전항의 권리를 갖지 못한다.
1. 기본법 제18조에 따라 집회의 자유에 관한 기본권을 박탈당한 자
2. 기본법 제21조 제2항에 따라 헌법재판소에 의해 위헌결정을 받은 정당
3. 기본법 제9조 제2항 또는 결사법에 따라 금지된 단체
4. 공개집회를 진행하거나 그에 참가함으로써 기본법 제21조 제2항에 따라 헌법재판소에 의해 위헌결정을 받은 정당 또는 그 정당의 부분조직 내지 대체조직의 목적을 추구하고자 하는 자

제2조 정 의
(1) 이 법에서의 집회란 공동의, 주로 공적인 의사형성에의 참여를 위한 토론이나 의사표현을 목적으로 하는 적어도 2인 이상의 고정적인 또는 움직이는 회합을 말한다.
(2) 공개집회란 그 참가가 개별적으로 확정된 인적 범위에 제한되지 않는 집회를 말한다.

제3조 집회의 주관
(1) 모든 공개집회에는 한 명의 주관자가 있어야 한다.

(2) [1]주최자는 집회를 주관한다. [2]단체가 집회를 주관하는 경우에는 그 단체를 대표하는 자가 주관자가 된다. [3]주최자는 주관권을 다른 사람에게 위임할 수 있다.

제4조 주관자의 권리와 의무

(1) 집회를 주관하는 사람은,

1. 집회의 진행과 관련된 사항을 결정한다.
2. 집회가 진행되는 동안 질서를 유지하여야 한다.
3. 언제든지 집회를 종료시킬 수 있다.

(2) [1]주관자는 집회 진행 도중에 폭력행위가 행해지는 것을 방지하기 위한 적절한 조치를 취하여야 한다. [2]제1문에서의 적절한 조치에는 특히 폭력행위를 자제할 것을 호소하거나, 폭력을 행하려는 가담자를 격리시키는 것이 있다.

(3) [1]주관자는 자신의 임무를 수행하기 위하여 적당한 수의 명예직 질서유지인을 둘 수 있다. [2]질서유지인은 무기 또는 그 성질상 사람에 대한 상해 또는 물건에 손상을 가져오기에 적합하고, 그러한 것을 목적으로 하는 기타 물건을 소지하여서는 아니 되며, 성년이어야 하며, "질서유지인"이라고만 기재된 흰색 완장을 착용함으로써 식별될 수 있도록 하여야 한다.

(4) [1]경찰관이 공개집회에 출입하는 경우에는 경찰관 또는 현장책임자는 집회주관자에게 그 신분을 알려야 한다. [2]출입한 경찰관에게는 적당한 자리가 제공되어야 한다.

제5조 집회참가자의 의무

(1) 모든 집회참가자는 집회주관자 또는 질서유지인의 질서유지를 위한 지시에 따라야 한다.

(2) 집회에서 배제된 사람은 지체 없이 그 장소를 떠나야 한다.

(3) 집회가 해산되면 모든 참가자는 지체 없이 그 장소를 떠나야 한다.

제6조 무기금지

허가 없이 다음 각 호에 해당하는 행위를 하는 것은 금지된다.

1. 공개집회에서 무기 또는 그 성질상 사람에 대한 상해 또는 물건에 손상을 가져오기에 적합하고, 그러한 것을 목적으로 하는 기타 물건을 소지하는 것

2. 무기 또는 제1호에 따른 물건을 공개집회로 향하는 도중에 소지하거나, 그러한 집회로 운반하거나, 그러한 집회에서 사용하기 위하여 준비하거나 배부하는 것

제7조 제복착용 금지

공개적으로 또는 집회에서 공동의 정치적 신념을 표현하기 위하여 제복, 제복의 일부 또는 같은 종류의 의복을 착용하는 것은 금지된다.

제8조 방해금지

(1) 공개집회에서 집회의 질서 있는 진행을 저지하는 것을 목적으로 방해하는 것은 금지된다.

(2) 다음 각 호의 행위는 금지된다.

1. 금지되지 않은 집회를 저지하거나 해산하거나 기타 그 진행을 곤란케 할 목적으로 폭력을 행사하거나 협박하거나 현저한 장해를 야기하는 것

2. 공개집회에서 자신의 질서유지임무를 적법하게 수행하고 있는 주관자나 질서유지인에게 폭력 또는 폭력에 대한 협박을 통해 저항하거나 그가 질서유지임무를 수행하는 동안 폭력적으로 공격하는 것

3. 집회에서 또는 문서, 음향 또는 영상장치, 정보저장장치, 삽화 또는 그 밖의 표현물의 유포를 통해 집행 가능한 금지에 의해 그 진행이 금지되었거나 집행 가능한 해산이 명하여진 공개집회에 참가할 것을 공개적으로 촉구하는 것

제2장 옥내공개집회

제9조 주최자의 권리와 의무

(1) 옥내공개집회에의 초청 시에는 공중에 대한 정보제공을 위하여 주최자의 이름을 명시하여야 한다.

(2) 초청 시에 특정인 또는 특정한 범위의 사람의 집회참가를 배제할 수 있다.

(3) [1]언론사 기자는 배제할 수 없다. [2]그들은 집회주관자와 질서유지인에게 기자증을 통해 신분을 증명하여야 한다.

(4) [1]주최자는 권한 있는 행정청의 요구가 있는 경우 제2문 또는 제3문의 조치를 위한 심사를 가능하게 하기 위하여 필요하다면, 선임된 질서유지인의 수, 성명, 생년월일, 출생지 및 주소를 통보하여야 한다. [2]권한 있는 행정청은 질서유지인이 집회의 평화를 위협할 것이라는 실질적인 근거가 있는 경우에는, 질서유지인으로 적합하지 않음을 이유로 그를 거부할 수 있다. [3]권한 있는 행정청은 질서유지인의 수를 적정하게 제한할 수 있다.

제10조 가택권; 방해자의 배제

(1) 집회주관자는 가택권을 행사한다.

(2) 주관자는 질서를 현저히 어지럽히는 참가자를 집회로부터 배제할 수 있다.

제11조 제한, 금지, 해산

(1) 권한 있는 행정청은 다음 각 호의 어느 하나에 해당하는 경우 옥내집회의 진행을 제한하거나 금지할 수 있다.

1. 주최자가 제1조 제2항 제1호 내지 제4호의 요건에 해당하는 경우
2. 주최자 또는 주관자가 제6조 제1호에서 정하고 있는 무기 또는 그 밖의 물건을 소지하고 있는 사람의 입장을 허용하는 경우

3. 주최자 또는 그 추종자가 집회의 폭력적인 진행을 추구한다는 사실이 인정되는 경우

4. 주최자 또는 그 추종자가 중죄 또는 직권으로 형사소추가 가능한 경죄의 대상이 되는 의견을 표하거나, 그러한 표현을 수인한다는 사실이 인정되는 경우

(2) ¹권한 있는 행정청은 다음 각 호의 어느 하나에 해당하는 경우에 집회 개최 이후에도 그 이유를 명시하여 집회를 제한하거나 해산할 수 있다.

1. 주최자가 제1조 제2항 제1호 내지 제4호의 요건에 해당하는 경우

2. 집회가 폭력적으로 진행되거나 참가자의 생명 또는 건강에 대한 직접적 위험이 존재하는 경우

3. 주관자가 제6조 제1호에서 정하고 있는 무기 또는 그 밖의 물건을 소지한 사람을 즉시 배제하지 아니하거나 배제결정을 집행하지 아니하는 경우

4. 집회의 진행으로 인하여 중죄 또는 직권으로 형사소추가 가능한 경죄의 대상이 되는 형법규정을 위반하거나, 집회에서 그러한 범죄행위를 하도록 선전 또는 선동되고 있음에도 주관자가 이를 지체 없이 제지하지 아니하는 경우

²제1문 제2호 내지 제3호에 해당하는 경우에는 권한 있는 행정청의 다른 조치, 특히 집회의 중지로는 충분하지 않은 때에 한하여 해산이 허용된다.

(3) 이의신청과 취소소송은 집행정지효를 가지지 아니한다.

제12조 영상촬영 및 녹음

(1) ¹경찰은 참가자가 제11조 제2항 제2호 또는 제4호에 따른 집회 해산의 사유를 야기할 것이라고 인정할 만한 사실상의 근거가 존재하고, 그러한 해산 사유의 발생을 방지하기 위하여 필요한 경우에 한하여 옥내공개집회에서 또는 그와 관련하여 그 사람에 대한 영상촬영 및 녹음

을 할 수 있다. ²촬영 및 녹음은 다른 사람이 불가피하게 관계되는 경우에도 행해질 수 있다. ³제1문은 조망촬영에 대해서도 준용된다.

(2) 촬영물은 공개집회 또는 그와 시간적·내용적으로 직접적으로 관련 있는 사건이 종료된 후에 지체 없이 폐기하여야 한다. 다만 제3항에서 열거된 목적을 위해 필요한 경우에는 그러하지 아니하다.

(3) 다음 각 호의 어느 하나에 해당하는 경우에는 촬영물을 사용할 수 있다.

1. 범죄행위 또는 질서위반행위의 소추를 위해 필요한 경우

2. 관계인이 공개집회에서 또는 그와 관련하여 범죄행위를 준비하였거나 행하였다는 의심이 있고, 장래에도 그러한 범죄를 저지를 것이라는 근거가 있기 때문에 개별사안에 있어 집회에서의 또는 그와 관련한 범죄행위의 방지를 위하여 필요한 경우

3. 공개집회에서 또는 그와 관련하여 공공의 안녕에 대한 장해가 발생한 경우에 한하여,

a) 경찰 신임교육 또는 직무교육 목적 또는

b) 경찰 대응에 대한 한시적인 기록을 위해 필요한 경우

(4) 제3항 제2호 또는 제3호 b문의 목적을 위해 사용된 촬영물은 계류 중인 사법 절차의 대상이 아닌 한 늦어도 촬영한 지 3년이 경과한 후에는 폐기하여야 한다.

(5) 경찰 신임교육 또는 직무교육 목적으로 사용되는 촬영물은 가능한 한 익명화하여야 한다.

제3장 옥외공개집회

제13조 신고 및 통보의무

(1) ¹옥외공개집회를 주최하고자 하는 사람은 이를 늦어도 공고 72시간 전까지 권한 있는 행정청에 문서, 전자문서 또는 조서로 제2항 제1

호 및 제2호에 따라 신고하여야 한다. [2]공고란 주최자가 특정인 또는 특정 범위의 사람들에게 집회의 장소, 일시, 목적을 고지하는 것을 말한다.

(2) [1]신고에는 다음의 사항이 포함되어야 한다.

1. 집회의 장소
2. 집회의 시작 시간
3. 집회의 목적
4. 주최자
5. 주관자
6. 참가 예정 인원
7. 집회의 진행 계획
8. 집회의 진행을 위하여 소지하는 물건 또는 사용할 기술적 보조수단
9. 예정된 질서유지인의 수

[2]움직이는 집회(행진)의 경우에는 예정 경로 또한 통보하여야 한다. [3]주최자는 제1문과 제2문의 신고내용에 변경이 있는 경우에는 이를 권한 있는 행정청에게 지체 없이 통보하여야 한다.

(3) 예정된 집회의 동기가 단기간에 형성되는 경우에는 늦어도 집회의 공고와 동시에 권한 있는 행정청에 문서, 전자문서 또는 조서로 신고하여야 한다.

(4) 공개집회가 시급한 동기로 인해 즉각적으로, 주최자 없이 형성되는 경우에는 신고의무는 면제된다.

(5) [1]주최자는 권한 있는 행정청의 요구가 있는 경우 제2문 또는 제3문의 조치를 위한 심사를 가능하게 하기 위하여 필요하다면, 질서유지인의 수, 성명, 생년월일, 출생지 및 주소를 통보하여야 한다. [2]권한 있는 행정청은 다음 각 호에 해당하는 경우에는 질서유지인을 거부할 수 있다.

1. 집회가 진행되는 동안 주관자가 질서를 유지하는 것을 지원하기에 적합하지 않은 경우

2. 그 사람을 질서유지인으로 투입함으로써 집회에 대한 장해 또는 공공의 안녕에 대한 위험이 발생할 것이라고 인정할 만한 사실상의 근거가 존재하는 경우

권한 있는 행정청은 질서유지인의 수를 제한하거나 주최자에게 질서유지인의 수를 적정한 수준으로 늘릴 것을 요구할 수 있다.

제14조 협력

(1) [1]권한 있는 행정청은 집회의 유형과 규모에 비추어 필요하다고 인정되는 경우에는 집회의 준비를 위하여 주최자와 협력하여야 한다. [2]특히 권한 있는 행정청은 집회의 진행에 관한 상세한 내용을 논의할 기회를 주최자에게 부여하여야 한다.

(2) 제1항에 따른 협력에 있어 주최자는 특히 집회의 유형, 규모, 진행계획에 대한 정보를 제공하여야 한다.

(3) 집회가 진행되는 동안 주최자, 주관자 및 권한 있는 행정청은 집회의 질서 있는 진행에 있어 중요한 사정들에 대하여 상호 정보를 제공하여야 한다.

(4) 권한 있는 행정청은 제15조에 따른 조치를 함에 있어 제1항 내지 제3항에 따라 이루어진 주최자와 주관자의 협력을 고려하여야 한다.

제15조 제한, 금지, 해산

(1) [1]권한 있는 행정청은 처분을 행하는 시점에 인식할 수 있는 제반 사정을 고려할 때 집회의 진행으로 인하여 공공의 안녕 또는 질서가 직접적으로 위협받는 경우에는 옥외집회의 진행을 제한 또는 금지할 수 있다. [2]이때 권한 있는 행정청은 대등한 지위를 가지는 제3자의 권리를 존중하여야 한다.

(2) [1]집회가 특히 다음 각 호의 어느 하나에 해당하는 경우에 제한 또는 금지될 수 있다.

1. 집회가 역사적으로 중요하고 초지역적인 의미를 가지는 기념지역

으로서, 나치의 폭력적이고 자의적인 지배하에 인간의 존엄에 반하는 처우를 받았던 희생자를 상기시키는 장소에서 개최되는 경우

2. 처분을 행하는 시점에 구체적으로 확인 가능한 제반 사정을 고려할 때 집회를 통해 희생자의 존엄이 침해될 우려가 있는 경우

[삽입: [2]제1문 제1호에 따른 장소의 지정]은 제1문 제1호에 따른 장소에 해당한다. [3]그 경계는 이 법의 첨부 I에서 규정한다.

(3) 권한 있는 행정청은 제1항 또는 제2항에 따른 제한 또는 금지의 요건이 존재하는 경우에는 집회 개최 이후에도 집회를 제한 또는 금지할 수 있다.

(4) 권한 있는 행정청은 옥외공개집회에서 질서를 현저히 어지럽히는 참가자를 집회로부터 배제할 수 있다.

(5) 금지된 집회는 해산될 수 있다.

(6) 이의신청과 취소소송은 집행정지효를 가지지 아니한다.

제16조 영상촬영 및 녹음

(1) [1]경찰은 참가자로부터 공개집회에서 또는 그와 관련하여 공공의 안녕 또는 질서에 대한 현저한 위험이 발생할 것이라고 인정할 수 있는 사실상의 근거가 존재하고, 이러한 위험의 발생을 방지하기 위하여 필요한 경우에 한하여 옥외공개집회에서, 또는 그와 관련하여 공개적으로 그 사람에 대한 영상촬영 및 녹음을 할 수 있다. [2]촬영 및 녹음은 다른 사람이 불가피하게 관계되는 경우에도 행해질 수 있다.

(2) [1]옥외공개집회에서, 또는 그와 관련하여 참가자에 대한 비공개 영상촬영 및 녹음은 다른 방법으로는 위험방지가 극히 어려운 경우에 한하여, 공공의 안녕에 대한 현저한 위험의 방지를 위하여 허용된다. [2]제1항 제2문은 준용된다. [3]제1문에 따라 행해진 조치에 대해서는 그 신원이 확인되고, 제4항 제1호 및 제2호에 따른 사용목적 달성이 위협받지 아니하는 한 그 조치가 종료 후 관계인에게 통보하여야 한다. [4]다음 각 호의 어느 하나에 해당하는 경우에는 통보하지 않을 수 있다.

1. 관계인이 다른 방법으로 조치에 대해 알게 된 경우

2. 조치가 종료된 이후 촬영물을 지체 없이 삭제한 경우

3. 50인 이상에 대하여 통보하여야 하는 경우

⁵통보하지 않은 경우에는 그 사유를 기록하여야 한다.

(3) ¹경찰은 경찰력을 유도하고 지휘하기 위하여 집회장소와 그 주변을 조망촬영할 수 있다. ²촬영된 사람의 신원확인을 목적으로 조망촬영물을 분석하는 것은 제1항 또는 제4항 제1호 또는 제2호의 요건이 존재하는 경우에 한하여 허용된다.

(4) 다음 각 호의 어느 하나에 해당하는 경우에는 촬영물을 사용할 수 있다.

1. 범죄행위 또는 질서위반행위의 소추를 위해 필요한 경우

2. 관계인이 공개집회에서 또는 그와 관련하여 범죄행위를 준비하였거나 행하였다는 의심이 있고, 장래에도 그러한 범죄를 저지를 것이라는 근거가 있기 때문에 개별사안에 있어 집회에서의 또는 그와 관련한 범죄행위의 방지를 위하여 필요한 경우

3. 공개집회에서 또는 그와 관련하여 공공의 안녕에 대한 장해가 발생한 경우에 한하여,

a) 경찰 신임교육 또는 직무교육 목적 또는

b) 경찰 대응에 대한 한시적인 기록을 위해 필요한 경우

(5) 촬영물은 공개집회 또는 그와 시간적·내용적으로 직접적으로 관련 있는 사건이 종료된 후에 지체 없이 폐기하여야 한다. 다만 제4항에서 열거된 목적을 위해 필요한 경우에는 그러하지 아니하다.

(6) 제4항 제2호 또는 제3호 b문의 목적을 위해 사용된 촬영물은 계류 중인 사법 절차의 대상이 아닌 한 늦어도 촬영한 지 3년이 경과한 후에는 폐기하여야 한다.

(7) 경찰 신임교육 또는 직무교육 목적으로 사용되는 촬영물은 가능한 한 익명화하여야 한다.

제17조 보호장구금지 및 복면금지

(1) 옥외공개집회 또는 그 밖의 옥외공개행사에서 또는 그 장소로 향하는 도중에 보호장구 또는 보호장구로서 적합하고 제반 사정에 따를 때 공권력주체의 집행조치를 저지하는 것을 목적으로 하는 물건을 소지하는 것은 금지된다.

(2) 다음 각 호의 어느 하나에 해당하는 행위 또한 금지된다.

1. 신원확인을 방해하기에 적합한 복면을 제반 사정을 고려할 때 그러한 목적으로 착용하고 행사에 참가하거나, 그러한 복면을 착용하고 행사장소로 이동하는 행위

2. 그러한 행사에서 또는 그 장소로 이동하는 도중에 신원확인을 방해하기에 적합하고 제반사정을 고려할 때 이를 목적으로 하는 물건을 소지하는 행위

3. 그러한 행사에 연이어서 또는 그와 관련하여 다른 사람과 함께 공동체의 평온을 해하는 행위를 하기 위하여 결집하고, 그 경우에 있어 다음의 행위를 하는 것

a) 무기 또는 그 성질상 사람에 대한 상해 또는 물건에 대한 중대한 손상을 야기하기에 적합하고, 그러한 것을 목적으로 하는 그 밖의 물건을 소지하는 것

b) 보호장구 또는 그 밖의 제2호에 규정된 물건을 소지하는 것

c) 제1호에 규정된 복면을 하고 나타나는 것

(3) [1]제1항과 제2항은 관례상 제1항에 규정된 물건을 소지하거나, 제2항 제1호에 규정된 복면을 하고 사람들이 참가하는 그 밖의 옥외공개행사에는 적용되지 아니한다. [2]여기에는 특히 종교행사 및 주민축제가 포함된다. [3]권한 있는 행정청은 공공의 안녕 또는 질서에 대한 위험이 우려되지 아니하는 경우에는 제1항과 제2항에 따른 금지의 예외를 허용할 수 있다.

(4) 권한 있는 행정청은 제1항과 제2항에 따른 금지를 위반하는 자를 그 행사로부터 배제할 수 있다.

제4장 형벌 및 과태료규정

제5장 종결규정

(기본권의 제한, 발효)

▋▋ 찾아보기 ▋▋

▊▊ 지은이_ 집회법 워킹그룹(Arbeitskreis Versammlungsrecht)

크리스토프 엔더스(Christoph Enders) 라이프치히대학교 법과대학 공법, 환경법 교수. 작센주 고
등행정법원 판사(겸임). 집회법 관련 주요 저서 및 논문: Der Schutz der Versamm-
lungsfreiheit (Teil I und II), Jura 2003, S. 34-42 und 103-108; Die Freiheit der
Andersdenkenden vor den Schranken des Bundesverwaltungsgerichts, JZ 2008, S.
1092-1099.

볼프강 호프만-림(Wolfgang Hoffmann-Riem) 전 함부르크대학교 공법 및 행정학 교수; 전 함부르
크주 법무부장관; 전 연방헌법재판소 재판관, 연방헌법재판소 재판관으로 재직 당시
특히 집회의 자유와 관련된 사건의 판결문 작성. 1967년 이후 작성한 집회법 관련 주
요 저서 및 논문: Kommentierung zu Art. 8 GG in: E. Denninger u.a. (Hrsg.),
Kommentar zum Grundgesetz (AK-GG), 3. Aufl., 2001; Versammlungsfreiheit, in
D. Merten/ H.-J. Papier (Hrsg.), Handbuch der Grundrechte, Bd. 4, § 106, i.E.

미하엘 크니젤(Michael Kniesel) 전 내무부차관, 경찰청장; 경찰지휘자 아카데미 법학과장; 1985
년 이후 작성한 집회법 관련 주요 저서 및 논문: A. Dietel/K. Gintzel/M. Kniesel,
Versammlungsgesetz, Kommentar, 15. Aufl. 2008; M. Kniesel/R. Poscher, in: H.
Lisken/E. Denninger (Hrsg.), Handbuch des Polizeirechts, 4. Aufl., 2007, Kap. J.
(Versammlungsrecht).

랄프 포셔(Ralf Poscher) 막스플랑크 연구소(Max-Planck-Institut) 공공안전법 분과 소장, 프
라이부르크 알베르트-루드비히 대학교 국가학 및 법철학 연구소 공법 교수, 집회법 관
련 주요 저서 및 논문: M. Kniesel/R. Poscher, in: H. Lisken/E. Denninger (Hrsg.),
Handbuch des Polizeirechts, 4. Aufl., 2007, Kap. J. (Versammlungsrecht).

헬무트 슐체-필리츠(Helmuth Schulze-Fielitz) 뮌헨 국방대학 교수 재직 후 1994년부터 뷔르츠부르
크 율리우스-막시밀리안 대학 공법, 환경법, 행정학 교수. 집회법 관련 주요 저서 및
논문: Kommentierung zu Art. 8 GG, in: H. Dreier (Hrsg.), Grundgesetz-
Kommentar, Bd. 1 (Art. 1-19), 2. Aufl., 2004.

▊▊ 지은이_ 보조연구원

마티아스 홍(Mathias Hong) 프라이부르크 알베르트-루드비히 대학교 연구원; 2005-2008 연방헌법
재판소 재판연구원. 집회법 관련 주요 저서 및 논문: Die Versammlungsfreiheit in der
Rechtsprechung des Bundesverfassungsgerichts, in: H. Rensen/S. Brink (Hrsg.),
Linien der Rechtsprechung des Bundesverfassungsgerichts, 2009, S. 155-197.

▌▌옮긴이

박원규

국립경찰대학 법학과 졸업
독일 프라이부르크대학교 법학석사(LL.M.)
독일 프라이부르크대학교 법학박사(Dr.jur.)
前 치안정책연구소 연구관
前 국립경찰대학 경찰학과 교수요원
現 국립군산대학교 법학과 교수

Das Erstanmelderprivileg im Versammlungsrecht (2016), Peter-Lang Verlag
기본권 친화적 집시법 적용을 위한 제언 (2018)
'절대적 집회금지장소' 규정에 대한 일반시민들의 인식 (2018)
경찰의 안면인식기술 사용에 관한 법적 검토 (2019) 외 논문 다수

서정범

고려대학교 법학과 졸업
고려대학교 법학석사, 고려대학교 법학박사
독일 만하임대학교에서 Post Doc(국비유학)
독일 프라이부르크대학교 "법철학과 국가법연구소" 객원연구원
안암법학회 회장, 한국공법학회 부회장, 행정법학회 부회장
現 국립경찰대학 법학과 교수

『바이에른 집회법』(2010), 세창출판사
『경찰법연구』(2012), 세창출판사
『행정법총론』(2012), 세창출판사
『新정보공개법의 축조해설』(2012), 세창출판사
『쿠겔만의 독일경찰법』(2015), 세창출판사
『EU 경찰법』(2017), 세창출판사
경찰행정법의 새로운 이론적 체계의 구축을 위한 소고(2017) 외 논문 다수

Original Work: Musterentwurf eines Versammlungsgesetzes
(ISBN 978 3406 61272 5)
by Christoph Enders, Wolfgang Hoffmann-Riem, Michael Kniesel, Ralf Poscher,
Helmut Schulze-Fielitz
ⓒ Verlag C.H.Beck oHG, München 2011

독일 집회법 모범초안
-
초판 인쇄 2020년 3월 2일
초판 발행 2020년 3월 10일
-
지은이 집회법 워킹그룹
옮긴이 박원규 · 서정범
펴낸이 이방원
-
펴낸곳 세창출판사
　　　　신고번호 제300-1990-63호
　　　　주소 03735 서울시 서대문구 경기대로 88 냉천빌딩 4층
　　　　전화 02-723-8660 팩스 02-720-4579
　　　　이메일 edit@sechangpub.co.kr 홈페이지 www.sechangpub.co.kr
-
ISBN 978-89-8411-931-4 93360
-
ⓒ 박원규 · 서정범, 2020

이 도서의 국립중앙도서관 출판시도서목록(CIP)은 서지정보유통지원시스템 홈페이지(https://seoji.
nl.go.kr)와 국가자료공동목록시스템(https://www.nl.go.kr)에서 이용하실 수 있습니다.
(CIP제어번호: CIP2020005829)

ME VersG